WEIYOU RENWEN ZUQIANQIU

唯有人文足千秋

葛剑雄／著

陕西新华出版传媒集团
陕西人民出版社

葛剑雄，复旦大学文科特聘资深教授，教育部社会科学委员会历史学部委员，《中华人民共和国国家历史地图集》执行主编，中央文史研究馆馆员。

序

本书是陈平原先生主编的“三联人文书系”的一种，二〇一一年由三联书店(香港)有限公司出版发行。二〇一二年由复旦大学出版社出了简体字版。现蒙陕西人民出版社的垂注，予以再版。

为避免读者的误解，我对拙著重版再版的基本要求是不改书名，内容不变。出版社或好意的友人如一定要重新选编或改用新书名，必须由编者署名，并做具体说明。此次既属再版，自然应沿用原来书名，保持原来的内容。

这次破例改书名，不过原来书名中的字都保留了，即将“人文千秋”改为“唯有人文足千秋”。其实这正是“人文千秋”这四个字的出处，当初大概是为了凑四个字的书名而从中选的。编辑建议还是用这句话意义完整，我很赞同。

此书编选毕竟已有十年，出版社建议在新版中稍增补此后新作，以答谢厚爱我的读者。为此，增加了几篇旧作。

《唯有人文足千秋》《厓山之后》《郑和究竟为何下西洋》，虽在原序中提到了，实际却未公开发表过。本书部分章节做了必要的删节。

葛剑雄，二〇一九年五月十五日

目录

“炎黄子孙”不是中华民族或中国人民的代名词

近年来，“炎黄子孙”的使用频率越来越高，已经由文人学者扩大到社会各界，由诗歌小说扩大到报刊上各类文章，甚至已进入党政领导人的正式言论和官方文件，似乎成了“中华民族”和“中国人民”的同义词，而且大有取代这两个词的势头。与此同时，修整炎帝、黄帝的陵墓，举行隆重的祭典，颂扬炎黄二帝的文字、表达中国人尤其是海外华人如何崇仰炎黄二帝的报道也大量涌现。原因很简单，据说炎帝和黄帝是我们的两位共同祖先。

既然十多亿中国人和华裔都是同一血统，似乎就理应是一家人了。人们以为提炎黄子孙就能促进国家的统一和人民的团结，至少能增进共同的感情。

但是，良好的愿望不能改变历史事实和国内外的现状，滥用炎黄子孙的提法更会造成不良后果，恰恰不利于国家的统一和民族的团结。

首先，这种提法不符合华夏(汉)民族形成和发展的历史。

稍有历史常识的人都了解，到目前为止只有商文化的遗址得到了学术界的公认，夏文化遗址虽然已有了发现的报道，但还有待于科学地鉴定和深入地研究，比夏代更早的炎帝黄帝时代目前还找不到任何物证。根据现有的历史学、人类学、民族学知识分析，炎黄二帝至多只是当时很多部落首领中的两位，他们的活动范围和影响力自然是有限的。

即使仅从文字记载看，也明确地说明了这只是一种传说，绝不是确切的历史记录。司马迁在《史记·五帝本纪》结尾不得不感叹："学者多称五帝，尚矣。然《尚书》独载尧以来，而百家言黄帝，其文不雅驯，荐绅先生难言之。"面对各种各样的传说，这位两千多年前的大史学家最后也不得不取了《春秋》《国语》的说法，而"弗深考"，不再仔细考察事实究竟如何。

根据《史记》的记载，我们这两位老祖宗原来是一对冤家。炎帝是天子，但实力衰退，统治不了诸侯；而黄帝却文武兼资，争取到了诸侯的支持，又动用了豺狼虎豹，与炎帝大战三次，将他彻底打败，自己做了天子。炎帝甘拜下风，成了黄帝的属臣，这两个部落也合二为一了。但《史记》和其他史书都提到了炎黄二帝曾争取、统治过的诸侯，除非这众多诸侯的子孙后代都跑到地球的其他地方去了，或者统统断子绝孙，否则今天的中国人总该有一部分是他们的后代啊！

退一步说，即使早期的华夏族的成员都是炎黄的后代，那么史书上也还记载了大量非华夏部族的存在。考古发掘已经证明，数千处旧石器、新石器时代的文化遗址可分为多种类型。近年来在长江流域、东北地区等地的考古新发现更证明了中国文化的多元性。直到春秋时期，黄河中下游的中原地区还有不少非华夏的部族，更不用说在中原以外。这些部族只有少数迁移出了今天中国的范围，而大多数都逐渐融合在华夏族之中了。可以说，到秦始皇统一时的华夏族就已经是民族大融合的结果了。

华夏即东汉以后的汉族，在融合其他民族的过程中虽然也少不了残暴的压力和血腥的武力，但历来有一种积极的传统，那就是并不注重血统关系。任何异族只要接受华夏(汉)族文化，认同华夏(汉)族，就可以成为汉族的一员。对异族的杰出人物，只要能为本族效力，统治者就会委以重任。移居到华夏(汉)族地区的其他民族，只要不违反法令，不与当地居民有利害冲突，一般不会受到强制同化的压力。所以虽然历史上汉族同其他民族间的战争和冲突相当频繁，但在汉族内部或汉族聚居区却从来没有发生过清查血统一类的行动。西汉时的金日磾是被灭亡的匈奴休屠王的太子，却以“外国人”(金自称)的身份担任了接受武帝遗诏辅佐昭帝的顾命大臣，子孙成为西汉后期有声望的大族。对此，当时和以后任何最正统的汉族史学家也从未表示过不满或怀疑，这足以反映汉族对异族的接纳标准只视其“归化”的程度。流落在世界各地的犹太人无不受到歧视和迫害，因而长期保持着本民族的特性，为生存而抗争；唯独来到中国的犹太人却长期过着和平生活，以至逐渐失去了本民族的心态，终于融入了汉族。这也是一个极好的例证。

自秦汉以来，从北方进入黄河中下游的非汉族至少有匈奴、乌桓、鲜卑、羌、氐、羯、丁零、突厥、高丽、回纥(鹘)、契丹、党项、女真、蒙古、维吾尔、回、满等，还有阿拉伯、波斯、日本、东南亚、撒哈拉沙漠以南的非洲等地的人口，其中相当大的一部分陆续加入了汉族，有的整个民族都已融合在汉族之中了。在南方，随着汉族的不断南迁，原来人数众多且族种庞杂的蛮、夷、越、僰、僚等各族，有的已经完全消失，有的虽还作为一个民族存在，却已经缩到比原来小得多的地域，而今天南方各省区的汉人大多是他们的子孙。我们完全有理由说，在今天九亿八千多万汉人(一九八七年抽样调查数)中，地道的“炎黄子孙”反而是“少数民族”。即使是汉族，如果只认炎帝、黄帝这两位祖先，也对不起自己真正的祖宗。

其次，这种提法不符合今天中华民族的实际。

今天的中华人民共和国拥有五十六个民族，汉族之外的五十五个民族约有八千六百万人口(一九八七年抽样调查数)。其中有的民族，尽管根据汉族的文献记载多少能和炎黄二帝及其后裔扯得上一点关系，实际上却往往是古代大汉族主义者一厢情愿的臆断，并无科学根据。有的民族，如藏族，历史上虽也不乏与汉族的交往，但基本上都是在相对稳定的地域范围内单一地发展繁衍下来的。还有些民族，如俄罗斯、塔吉克、乌孜别克等，则无论从什么角度都是不可能与炎黄拉上血统关系的。难道这些民族的人民也应该承认自己是炎黄子孙吗？如果炎黄子孙不应该包括这些兄弟民族，而只是汉族的代名词，那么又岂能代替中国人民或中华民族？显然，这种提法不仅伤害了兄弟民族的感情，而且是违反中华人民共和国宪法规定的民族平等的原则的。

再次，这种提法并不利于统一大业和国际友好。

在国内，片面提炎黄子孙实际上是宣扬大汉族主义，只会助长狭隘的民族主义，给一小撮民族分裂主义者以可乘之机。既然中国人都是炎黄子孙，那么不是炎黄子孙的民族岂不就不是中国人？岂不就能名正言顺地分裂了吗？

在中国台湾，固然绝大多数人是大陆移民或移民后裔，或许可以称得上炎黄子孙，但同样存在着非汉族的兄弟民族。以其中被我们称为高山族的民族为例，目前大概还没有什么确切的证据说明他们是炎黄二帝的后代，相反倒很可能来自东南亚。如果用“炎黄子孙”来促进统一，那么结果会适得其反，这正是“台独分子”所大肆宣扬和企求的。

今天散居在世界各国的华人，大多已经加入了所在国的国籍，无论出于何种原因，也无论感情上如何理解，从事实上和法律上说，他们与中国人民的关系只能是朋友或亲戚，而不再是一家人；他们对中国的感情只能是友好或对祖先和故乡的情意，而绝不是爱国。要说爱国，他们应该爱他们所加入的国，也只有在遵守所在国法律的基础上，他们才能真正促进这些国家与中国的友好，为中国起到朋友的作用。我们当然并不反对他们自称“炎黄子孙”，但这里的“炎黄子孙”只有血统上和情感上的意义，与前面所提及的特殊含义完全是两回事。如果我们把炎黄子孙当作中国人民的代名词，外籍华人又怎么能够、怎么敢接受呢？在国际交往中滥用“炎黄子孙”或“爱国”一类名词，只能引起朋友的为难和反感，在华裔众多或本来就存在民族纠纷的国家只会产生不良后果。

中国历来对炎黄二帝的尊重既是一种优良的民族传统，也是一种大汉族主义的表现。统治者打着这块招牌来证明自己是受命于天的真龙天子，则更是一种不足挂齿的闹剧。辛亥革命前后，革命党人和独立各省一度使用黄帝纪年，一方面是对清朝帝制的否定，另一方面也多少反映了狭隘的民族情绪。就像一度提过的“驱除鞑虏”“种族革命”的口号很快为“五族共和”的纲领所取代一样，黄帝纪年也很快结束了它的使命。那时海外华人长期受到帝国主义的压迫侮辱，又得不到国内腐败政府的合法保护，对祖国、祖先有强烈的感情。但无须讳言，在这种特殊条件下产生的感情有其片面的、消极的一面，尤其表现在狭隘的宗族观念、地方观念和民族观念上。今天，这些观念更与现代文明社会和正常的国际交往格格不入，对此我们应该有自己明确的立场和态度，不必迁就迎合。如果因为是“炎黄子孙”就一定要拍手叫好，甚至把唐人街中黑暗腐朽的东西也当作“爱国爱乡”来宣扬，只能使我们失去大多数友好、文明、正直的华裔朋友。

世界上大概不存在绝对纯血统的民族，如果有的话，也必定很快退化以至灭绝。华夏(汉)族能由世界上最古老的民族之一发展到今天这样一个世界上人口最多的民族，靠的不是祖先的伟大或血统的优秀，而是大量吸收了其他民族、凝聚了各民族的精华。同样，中华民族的伟大力量来自它的各个民族，来自各民族自身的创造力和它们之间的凝聚力。这种凝聚力的基础是它们的共同利益和共同目标，而不是共同的血统或同一个祖先。

当然，我并不一概反对称炎黄子孙，炎黄二帝即使是传说人物，加以尊崇也未尝不可。再说公民有言论自由，谁愿意用什么名词，爱认哪个祖宗是不应受干涉的，海外华人爱怎么说更是他们的自由。但是，“炎黄子孙”不是中华民族或中国人民的代名词却是必须讲清楚的，官方言论和正式档案中更不应有任何含糊。

原载《光明日报》一九八九年七月五日，第三版《史学》。

附记

本文写于一九八八年，曾载于上海《解放日报》内部刊，一九八九年七月五日发表于《光明日报》的《史学》版。九月六日，员力先生在该报发表《也谈“炎黄子孙”》一文，对拙文提出商榷，为此我写了《再谈“炎黄子孙”并答员力先生》作为答复。但该报在次年一月发表了陈连开先生《中华民族与炎黄子孙异同辨》一文后就结束了这场讨论，这篇答文没有发表。据别人告诉我，其他报刊上还发表过讨论拙文的文章，可惜这些报刊在发表前后都没有将这些文章寄给我，而我看的报刊又少，连看都没有看到，自然不会作答或表明态度。湖南某大学的学报还登过一篇批判拙文的文章，居然也没有通知我，大概并不想让我反批判吧！事后学生拿来给我看，除了几顶政治帽子外实在没有内容，看来此人连我的文章都看不懂，只是为了赶时髦而已，当然不值得一驳。

拙文居然会引起一番不小的争议，这是始料所不及的，因为我以为所依据的都是史学界公认的史实，在理论上和逻辑上都经得起驳难，似乎不应有什么异议。从此文发表后的情况和近年的实际看，显然我的想法实在是太天真了。所以我在将此文收入本集时，仅改正了几个错字，其余一仍其旧，好让读者了解这场争论的起因究竟是一篇何等样的文章。

员文的意见或许有一定的代表性，因此还是利用写附记的机会做一简单的答复。

我在文章中说：“面对各种各样的传说，这位两千多年前的大史学家最后也不得不取了《春秋》《国语》的说法，而‘弗深考’，不再仔细考察事实究竟如何。”员先生说我把意思完全弄反了，“弗深考”的不是司马迁而是指其他学者们没有深入考察。我反复读了《史记》原文，觉得未必是我弄错了，因为张守节所作的《正义》中也写着："太史公言博考古文，择其言表见之不虚，甚章著矣，思念亦且不须更深论考。"说的也是司马迁认为"不须更深论考"。员先生又说司马迁写《五帝本纪》既有文献依据，又做实地考察，且经过一番筛选工作，所以我说《五帝本纪》绝不是确切的历史记录"就未免太绝对化了"。其实，黄帝如果真的生活在五千年前，司马迁的时代就已在两千多年之后，实地考察是不会有什么结果的。黄帝时代还没有文字，司马迁又找得到什么直接的"文献依据"。即使我不说得太绝对化，《五帝本纪》总不能当作信史吧！

员先生的第二点意见认为黄帝不是与炎帝作战，而是与炎帝的后裔作战，他的根据是唐朝人对《史记》的注释，而我的根据却是《史记》原文："炎帝欲侵陵诸侯"、"以与炎帝战于阪泉之野"，分明写着是"炎帝"而不是什么"炎帝后裔"。由于炎帝本来是传说人物，历来就有不同说法，有的以为即神农氏，有的以为是神农氏之后，有的以为是与黄帝同出一族，我不敢说我的写法一定对，但也不认为员先生的意见有多少道理。

不过，以上两点都不影响拙文的立论，就是把这些话都删去，拙文的论据照样是充分而坚强的。

至于员先生的其他意见就不能苟同了。

员文说："自从黄帝打败了炎帝的后裔之后，……一部分人向四方迁移，迁东的成为日后的东夷，迁西的成为日后的羌戎，迁南的成为日后的苗蛮，迁北的成为日后的狄貊，也就是所谓‘东夷、西戎、南蛮、北狄’。”并且根据“文献记载”，考证出满族也是炎帝后裔的一支“息慎”之后。

的确，在汉文史料中有不少非汉民族起源的记载，将“东夷、西戎、南蛮、北狄”都说成是炎帝的后裔就是其中之一。以此为依据，诚如员文所说，有好些少数民族“也可以与炎黄二帝及其后裔联系上”。但是判断一个民族的来源不能仅仅根据文献记载，更不能只根据汉文史料所做的片面记载。今天要确定一个民族是否与炎黄二帝及其后裔同源，至少应该对该民族在各个历史时期的语言、文字、地域、经济生活、文化和心理素质等要素做一番考察和分析，绝对不可轻易相信文献记载中的某些说法。我们并不否定传统的汉文史籍中有关其他民族的记载具有重要的史料价值，尤其对那些没有留下文字记载的民族来说，这是了解它们历史的唯一记载。但是同时也必须指出，由于汉族在经济、文化、政治等方面长期处于相对先进的地位，早就使汉族统治者形成了一种脱离实际的优越感，推行着大汉族主义的民族政策，对其他民族鄙视、蔑视，对外部世界妄自尊大。在他们的影响下，一些与汉族交往较多的民族，包括那些曾经被汉族政权统治或曾经征服过汉族政权的民族，也自觉或不自觉地接受了这些说法。所以我们今天应该本着实事求是的精神，恢复民族史的本来面目，而不是再重复那些在民族不平等状况下产生的陈说。

例如，《史记·匈奴列传》中的确有“匈奴，其先祖夏后氏之苗裔也”这样毫不含糊的记载，但是当今国内外的匈奴史学者大概没有人还相信这一说法，几种权威论著和工具书都没有提及匈奴与华夏族有过这种关系；而且即使从《史记》《汉书》有关记载看，汉朝人实际上也没有承认匈奴是他们的同种，是“炎黄子孙”。

说到满族的先祖是禹时的“息慎”，我不知道员先生是根据哪一种“文献记载”，汉族的还是满族的？遗憾的是，对这样一条重要的证据，员先生却没有说明出处，使我们无法判断它的可靠性究竟有多大。因为“息慎”是“东北夷”的一支，而“夷”又都是炎帝之后，所以满族也应是“炎黄子孙”，这样的推理无论如何是太牵强附会了。把满族的先祖扯到炎帝头上，无非是满族统治者为了证明他们理应君临中华而编造出来的神话，或者是汉族面对女真或满族统治的自我安慰。这种说法是经不起民族学的考察的，试问当代有关女真和满族的论著中有哪几种采用了？

员文指责我“将历史的‘女真’和‘满’分成两个不同的民族也不确切”，其实拙文只是将历史上曾经进入黄河流域的民族用习惯的名称罗列出来而已，并不是做现代的民族学分类。不过，将女真与满族分开倒不是我的发明，孙进己的《东北民族源流》一书就指出，满族并不都是由金代的女真融合而成，“满族和金代的女真不同，它是一个新的民族共同体”[1]。

---

①孙进己：《东北民族源流》，哈尔滨：黑龙江人民出版社，1987 年，第 210 页。

员文的第四点意见是针对我说历史上汉族“对异族的杰出人物，只要能为本族效力，统治者就会委以重任”这句话，认为“统治者委以重任，并非着眼于为本族效力，而是为维护他们的共同统治效力，这才是问题的实质”，他的理论根据是“历史上的民族矛盾，在阶级社会里，其实质就是阶级矛盾”。我们自然不能否认民族矛盾与阶级矛盾的关系，但也应该承认，民族矛盾有其特殊内容，并非阶级矛盾所能全部涵盖。不能因为民族矛盾的实质是阶级矛盾，就只研究阶级斗争的一般规律，不研究历史上民族斗争的具体内容。就拿拙文所涉及的问题来说，尽管各民族的统治者都压迫和剥削本民族和外民族的劳动人民，但在吸收异族的杰出人物加入本族统治集团这一点上，汉族和其他民族是有很大差异的，拙文正是在讨论这种差异。汉武帝任用金日磾，并没有什么“共同统治”的需要，纯粹是吸收异族人才；而金氏之所以成为汉朝的功臣，也并非因为剥削了本族的劳动人民，完全是对汉族劳动人民统治有方的结果。同样，犹太人在世界其他地方与在中国的不同遭遇是无法用阶级矛盾来解释的，否则他们的结局应该完全一样，因为外国和中国那时都是阶级社会，都有统治阶级和劳动人民。

员先生的意见显然不单是对拙文的批评，而是涉及我们对待民族历史和民族史研究的基本观点，这正是拙文撰写的动机之一，也是为什么要做出回答的原因。拙文写成已六年多了，时过境迁，其中有的话或许已过时了。如说“夏文化遗址虽然已有了发现的报道，但还有待于科学地鉴定和深入地研究”，而现在考古学界的意见大多已肯定了夏文化的存在。但拙文的基本观点是经得起时间的考验的，所以我在撰写《普天之下——统一分裂与中国政治》[1]和《统一与分裂——中国历史的启示》[2]这两本小书时，都写入了这些内容。如果再出现什么批评意见或者像样的批判的话，只要我知道，是愿意做出反应的。

一九九五年七月十五日

①葛剑雄：《普天之下——统一分裂与中国政治》，长春：吉林教育出版社，1989 年。

②葛剑雄：《统一与分裂——中国历史的启示》，台北：锦绣出版事业股份有限公司，1992 年；北京：生活·读书·新知三联书店，1994 年。

再论中国历史上的统一和分裂

拙文《统一分裂与中国历史》[1]发表后，受到不少前辈和同行的赞成和鼓励，但也听到有人质疑：中国历史上有那么多时间分裂吗？统一究竟是不是中国历史的主流？

这样的疑问完全在我意料之中。老实说，当我在酝酿这一论题时，估计将遇到的诘难比这激烈得多。正因为如此，我对这些疑问曾反复做过思考，自信掌握了批驳不倒的论据才敢动笔。但考虑到这些比较详细的论述已经写进了我的另一本小册子《普天之下——统一分裂与中国政治》，而该书又预定在去年底出版，所以才在论文中做了省略，而只写出了结论性的意见。由于该书没有按原计划出版，而且这本书也不是作为纯学术著作来写的，不一定能引起大雅君子的注意，专门回答一下这些疑问还是有必要的。

---

①全国纪念党的十一届三中全会十周年理论讨论会论文，载于沈一之主编《理论纵横·社会文史篇》，石家庄：河北人民出版社，1988 年，第 317—326 页。

回答这些问题显然无须引用大量史料，也不必进行烦琐的考证，因为稍具历史常识的人都了解历代分合的大势，大家对这些史实并没有太不一致的看法，主要的分歧还是衡量统一或分裂的标准。

一

统一的真正含义是什么？不妨寻根追源做一番探讨。统，原来是指丝的头绪。《淮南子·泰族训》说："茧之性为丝，然非得工女煮以热汤而抽其统纪。"归于一致，将各个部分合成为一个整体这一意义的"统一(壹）"一词，它本身并不专指某一事物。如《汉书·董仲舒传》的赞中说，"令后学者有所统一，为群儒首"，那是指学说、学术思想。《汉书·西域传》的赞中说"西域诸国，各有君长，兵众分弱，不相统一"，以及《后汉书·隗嚣传》的"帝知嚣欲持两端，不愿天下统一"则是指国家和"天下"，实质是就政权而言。

毫无疑问，我们所要讨论的统一是指国家之间或政权之间、一个国家或一个政权内部在政治上的一致、集中及结合为整体，而不是其他方面，如文化、民族、语言、风俗、经济、思想、宗教、血统甚至地理环境等的一致性或整体化。说明这一点是非常必要的，因为实际上有些人所指的统一并不是本文所要讨论的范围，所以根本不可能也没有必要比较他们与笔者在"统一"观上的异同。当然，我并不认为其他方面的统一与国家的统一毫无关系，或者认为政治上的统一可以孤立于其他方面的统一之外，但两者毕竟是完全不同的方面，而且并没有直接的因果关系。我也丝毫不敢贬低对政治以外的统一的历史的研究成果，因为它们都是历史的组成部分，研究它们的发展规律当然是非常必要的和有益的，滥用这些成果与创造这些成果的人是无关的。但是确实有些人常常混淆这些界限，把那些非政治的统一同政治上的统一联系起来；不管他们的目的是多么良好，或者纯粹出于“爱国主义”，这种方法都是不可取的。至于为了迎合某种一时的政治需要，获得廉价的宣传效果，而无视历史事实和科学原理的附会和模拟，更是对学术的亵渎、对真理的践踏。

例如常有人列举在某地发现中国某朝的文物或器物，如果用以说明文化传播、经济往来、交通运输自然是很好的证据，但这与国家或政权的统一又有什么关系呢？如果真有必然的联系，那么今天中国大地上行驶着那么多的洋车，商店里放着那么多的洋货，是不是也应该让我们的后人来考证一下中国已经被哪个外国“统一”了呢？又如有人提出早在多少年前中国人就到了某地，这对于研究旅行史、探险史、航海史、文化史或者气象史等当然是十分重要的，但是人到了不等于占领，占领了土地也不等于该土地就是这些人的母国的一部分。有人考证出最早到达美洲的是中国人，时间在一万年前。姑且不管这结论是否正确，试问一万年前的“中国”在哪里？我没有请教过人类学家，一万年前生活在今天中国土地上的人该叫什么人，但这种称谓也只有人类学上的意义，而绝不是政治或国家的含义。谁都知道，欧洲的不少君主曾经是同一家庭的成员，甚至是同胞兄弟，有些国家都是同一民族，但这些国家却从来没有被认为是统一的。

二

既然我们讲的统一是就国家或政权而言，就应该是具体的，而不是抽象的；应该有一个明确的地域范围，而不是一个模糊的、经常变化的概念所能界定的。我们既然要讨论中国的统一，就必须首先确定中国的含义、它所代表的地域范围。这在今天自然没有什么困难，因为中国的疆域是得到世界上绝大多数国家承认的，有精确的地图可以说明。但在历史上却并不那么容易，因为一九一二年之前，中国还不是任何国家或朝代的正式名称、正式简称。

由于早期的华夏族是在黄河中下游繁衍起来的，所以认为这一带应该是天下之中，称为中国。中国是对周围的四方而言的，因此可以指中原地区，如《礼记·中庸》所称“是以声名洋溢乎中国”；也可以指国君所在的京师，如《诗经·大雅·民劳》中的“惠此中国，以绥四方”。到了春秋战国时代，地处中原地区的诸侯国也都称为中国，黄河流域之外的诸侯国就没有这个资格了。例如楚国，虽然一度十分强大，足以问鼎周室，却不能算中国。吴国、越国也是如此，如《韩非子·孤愤》称“夫越虽国富兵强，中国之主皆知无益于已”，是被明确列于中国之外的。

随着华夏民族居住范围的扩大(包括其他民族的被吸引融合)和华夏文化区的扩展，中国范围逐渐扩大。统治了中原地区或建都于中原地区的政权可以自称中国，它们的疆域也可以称为中国；而继承了中原王朝的法统或文化的政权，尽管其疆域范围并不包括黄河流域，也同样可以中国自居。如在西汉初年，陆贾曾对南越王赵佗说：“皇帝……继五帝三王之业，统天下，理中国。中国之人以亿计，地方万里，居天下膏腴……”去掉其中的夸耀成分，可以看出这里的中国已包括涌进的大部分疆域，比战国时的范围已大为扩大，当然还不包括赵佗所占据的岭南和刘邦尚未统治的周边地区。到了东晋、南北朝，南北双方都以中国自居。占据了黄河流域的政权，尽管统治者大多是非汉族，却认为自己已经是传统的中国的主人，当然是名正言顺的中国了；而对方已逃到了原来的蛮夷之地，只配称为“岛夷”。以长江流域为中心的南方政权则以中国法统和文化的合法继承人自居，而对方只是强占了地盘的“索虏”。待到隋朝灭陈，南北统一，“岛夷”和“索虏”的地方便都成了中国。

但是，狭义的中国，即以中原为中国的定义继续为人们所运用，例如唐朝诗人陈子昂的《度峡口山赠乔补阙知之王二无竞》诗中就有“峡口大漠南，横绝界中国”这样的用法。峡口山即今合黎山的主峰，在甘肃张掖地区，照陈子昂的意思，合黎山以西就不是中国，尽管他明知这里也是唐朝的领土。还有的人所指的中国范围还要狭窄。正因为这并不是一个明确的或法定的概念，所以不同时期、同时期不同的人和著作中可以有不同的所指范围，甚至同一个人在不同的场合也会有不同的用法。例如鸦片战争以后，像魏源这样杰出的思想家和学者，在他的著作中还是二义并用的，有时中国指清朝全部疆域，有时只指内地各省，却不包括东北、内外蒙古、青海、西藏和新疆。

清朝后期，中国开始被用作国家的代名词，外国常以中国称清朝，清朝有时也以中国、中华自称。但这都不是正式的、法定的名称，在任何正式场合，如诏书、条约、照会等官方文件以及派遣使臣、典礼仪式中一直还是用“清”、“大清”、“大清国”，“中”只是对“外”而言，传统的中国含义依然通行。直到“中华民国”成立，中国才成为它的简称，正式成为国家的代名词。

因此，我们在“中华民国”之前的著作文献中看到不符合今天中国含义的用法，不必大惊小怪，更不必当作见不得人的把柄或什么严重的政治事件。这是稍有中国历史常识而不抱偏见的人都理解的，是不会授人以柄的。因为写这些话的人脑子里只会想到中原、中央王朝，绝不会有千百年、数十年后的中华民国或中华人民共和国的概念，要说他们都是迎合帝国主义侵略野心的卖国贼岂非冤哉枉也？

总之，历史上所说的中国不等于今天意义的中国，也不等于某一王朝，可以指完全不同的地域范围。即使当中国用于代表某一王朝时也不一定等于今天的中国，因为只有清朝从乾隆平定天山南北路至鸦片战争失败割让香港前这八十二年中的疆域能够包括今天中国的全部领土，而其他任何时候总有一部分今天中国的领土未被置于中央王朝统治之下。例如汉代的极盛时期也从未占有青藏高原的主体，其稳定的北界是阴山山脉和辽河流域；唐朝的最大疆域没有包括西藏地区；元帝国的统治范围缺少今天新疆的一部分和台湾岛；而台湾岛最终成为中央王朝的一部分是康熙年间才实现的。

正因为这样，我们在讨论统一时，必须有一个明确的范围。根据历史和现实，无非是三种标准：一是各个王朝的最大疆域；二是今天中国的领土；三是历史上曾经达到过的最大疆域，即清朝中期这八十二年的统治范围。

第一种标准显然是不能说明问题的，因为前面已经说过，王朝不等于中国，王朝统一了不等于中国也统一了。当周朝的臣民唱起“普天之下，莫非王土”的颂歌时，我们能说中国统一了吗？当秦始皇在咸阳宫大宴群臣，庆祝灭六国的胜利时，我们能说中国统一了吗？当明成祖夺取帝位，明朝疆域臻于极盛时，又怎么能说中国已经统一了呢？而且，不少王朝都没有能恢复前朝的疆域，所以站在新朝的立场上可以说统一已经完成，而站在前朝的立场上只能说疆域分裂了。例如，宋朝建立后，先后灭后蜀、南唐、吴越、北汉等国，建立了它的最大疆域；相对于以后西夏立国和金入侵而言，这是宋朝的统一时期。但是站在唐朝的立场上看，只能说它的疆域被分裂了，先后分裂为辽、宋、西夏、大理等部分，直到元朝才重新统一。同样，明朝的建立对元朝来说也是分裂，它的疆域至少被分为长城南北两个部分，直到清朝才重新统一。只有第二、三种标准才能客观地说明历史时期的分合状况。

以往有一些很流行的说法，实际上是不科学的。例如人们常说“秦始皇统一中国”，这个“中国”空间指什么？如果是指中原，指黄河流域，那当然是对的；但秦朝不仅统一了黄河流域，还统一了淮河流域、长江流域和珠江流域，而且说这话的人心目中的中国似乎也不只是指中原或黄河流域。如果是指今天的中国，那又差得太远了。秦朝的北界是阴山山脉和辽河下游，西界是陇东高原，西南的稳定疆域只达到四川部分地区，势力范围或一度曾控制的地区包括云贵高原的大部。其实，今天的中国不光是汉族人民的，也是其他五十五个兄弟民族的，当然不仅应该继承中原政权的遗产，也应该继承各兄弟民族的遗产，历史上曾经不属于中原王朝管辖并不意味着今天就不应该属于中国。而且，任何国家的统一都有一个过程，都不是一成不变的。中国历史上的统一从黄河流域开始，逐步扩展到周边地区，尽管中间时有盈缩、时有分合，最终形成了清朝这样的疆域，而这一疆域又为中华民国及中华人民共和国先后继承。至于在清朝以前的某一时期，某地曾不属于中原政权，或曾独立自治，或曾隶属于今天境外的某一政权，这在任何国家的统一史中都是正常的事情，根本不涉及今天的主权。夏威夷直到一九五九年才成为美国的一个州，这也不是什么秘密，但也没有听说有人据此对美国的主权提出什么疑问。所以这种“自古以来”的说法对历史事实而言往往是不严谨的，从今天国家的主权利益方面着想，似乎也不见得有什么帮助。

三

同样，任何形式的政治或政权的统一都有其明确的时间范围。只有这样，任何空间范围才有实际意义。在研究中国历史上的统一和分裂时，一定要打破传统的王朝观念。王朝的起讫不是统一的始终，因为任何王朝的疆域都不是一成不变的，任何王朝的统一都不是从头到尾都能维持的。

为什么有些人计算出来的历史上的统一时间比我的结论长得多，原因之一就是他们是简单地根据历史年表上王朝的起讫年代计算的。如果是封建时代的史官或某朝某代的臣工，这样做是理所当然的；二十世纪八十年代的史学家还持这种态度就不能不令人吃惊——他们的头脑里还有没有一点历史唯物主义精神？讲不讲基本的历史事实？

目前通行的历史纪年，即使在逻辑上也有不少错误。例如西汉的起点是从公元前二〇六年刘邦被封为汉王的汉元年算起的，即使根据封建的正统观念，刘邦也要到公元前二〇二年才正式称帝。而明朝却是从一三六八年朱元璋即皇帝位算起的，而不是从他占领集庆路(今江苏南京)或称吴王建元算起的。又如南宋的结束止于一二七九年，实际上早在一二七五年南宋政府已经投降元朝，首都临安也已经被占，以后存在的只是残余势力，限于局部地区。如果根据这一原则，明朝的灭亡就至少应该定在一六六一年，因为永历政权到那一年才结束；但明朝的下限却又是定在北京失陷的一六四四年。要根据这样的标准来统计统一的时间，自然不会有正确的结果。

更重要的是，不少王朝始建时只是众多割据者中的一员，至多只是其中最强大的一员，只占有前一王朝的一部分领土。同样，许多王朝在后期已经陷于分裂割据，国君只拥有名义上的统治权，或者已经退缩到很狭小的范围。在王朝中期，虽然帝系并未中断，却往往会发生战争动乱，出现地方割据。所以以几个所谓的大一统王朝的存在年代来统计中国历史上的统一时期是不符合历史事实的。西汉存在的时间是二百一十四年(前二〇六至公元八)，但在刘邦灭项羽称帝时，秦朝原来四十多个郡中归他直接控制的只有十几个，直到景帝三年(前一五四)才基本消灭了诸侯的割据，又到了武帝元鼎六年(前一一一)才将岭南的疆域重新纳入版图，从这以后的一百一十九年才算得上统一，只占整个西汉王朝年代的百分之五十六。东汉共一百九十六年，但刘秀称帝时地盘相当有限，至少要到建武十二年(三六)平公孙述才能算恢复了西汉疆土。

即使不考虑匈奴、鲜卑、羌人始终占据北部、西北大片土地，东汉的一统天下也只能算到中平元年(一八四)黄巾起义为止。以一百四十九年计，只占东汉的百分之七十六。如果因为汉献帝这个傀儡的存在就认定东汉统一延续，岂不是莫大的笑话！唐朝长达二百九十年，但国内基本统一是到武德七年(六二四)才做到的，而到天宝十四载(七五五)安史之乱爆发，分裂割据再也没有停止过。除了黄河流域、华北有藩镇割据外，东北有渤海国，西南有南诏国，吐蕃的领土一直扩展到陇山和大渡河一线，尽管唐朝的"正朔"一线不绝地维持到了哀帝天祐四年(九〇七)，实际上哪里还有什么统一可言！因此唐朝只有一百三十二年能算作统一，只占全部时间的百分之四十六。即使以统一程度最高的清朝为例，也应扣除实际上的分裂时期，如清兵入关、灭南明、平定三藩至收降台湾(一六四四至一六八三)这四十年，太平天国起义这十四年，统一时间占本朝的百分之八十。

另外，是否算统一不能只用封建正统的标准，不能只站在汉族的立场上看历史。北宋这一百六十多年能不能算统一？我以为是不能算的。道理很简单：北宋并没有继承唐朝的疆域，没有能恢复唐朝达到过的统一；而辽的历史比北宋还早，它同样占了黄河流域的一部分，拥有与北宋不相上下的兵力和国土，实际上处于与北宋同样重要的地位；而且就今天的中国范围而言，同时存在着北宋、辽以外的大理、西夏、吐蕃等政权，岂是北宋一家所能代表、所能统一的？宋、金对峙是大家公认的分裂时期，可是对宋、辽对峙却视而不见，把这一时期当成是北宋的统一时期，这实在无法自圆其说。

中原王朝对边疆地区的统治或控制同样有一个时间问题，不能因为某一王朝的军事活动一度到达了某地就认为该地区成了这一王朝的领土，也不能因为某一王朝曾经在某地设置了行政或监护机构就认为该地始终是这一王朝的疆域，因为这些情况往往只有短短几年、几十年，只占该王朝的若干分之一。

西汉、东汉所设的西域都护府，管辖的地区西北至苏联的巴尔喀什湖。但在两汉四百一十年间，西域都护府仅设置了一百零九年(前六〇至一六，七四至七六，九一至一〇七)，而且在这百余年间并不是都能管辖那么大的范围，所以不能认为汉朝的疆域始终都是西至巴尔喀什湖。

说到唐朝的疆域，人们往往会陶醉于“西至咸海，北至贝加尔湖，东至朝鲜”的盛唐天下，可是却没有注意到或者根本不愿意注意时间上的矛盾，因为尽管唐朝的控制曾经达到这三个地区，却从来没有同时并存过：贞观二十一年(六四七)灭薛延陀后，北方控制了贝加尔湖以北，但到仪凤四年(六七九)突厥再起，即后撤至阴山一线；本部的极盛时期只维持了三年，即从龙朔元年(六六一)遣使招抚至麟德二年(六六五)撤退；开元三年(七一五)一度又进入葱岭以西，但天宝十载(七五一)又退回葱岭一线；东方的扩张时间更短，从总章元年(六六八)灭高丽，上元三年(六七六)即撤至辽东，以后又撤至辽西；其中只有西部的第一次推进与北部的最大疆域有三年重合，其余都不是同时的。这种情况在其他朝代也都存在。

四

历史研究应该透过现象看到实质，讲求实际而不能拘泥于名义，必须区别名义上的归属和实际上的统一。以往人们证明某国某地曾经为某朝所管辖或者曾经是某朝领土的一部分的证据，往往就是该国该地曾向某朝称臣纳贡。的确，中国史书上可以找到很明确的记载，有的不仅有具体的时间、使者的姓名，而且连进贡了什么及接受了什么赏赐都记载得一清二楚。但是只要我们稍加分析就不难看出，历史上的称臣纳贡情况虽然相当复杂，其中的确有少数事例是归属关系的确立，但大多数却是有名无实的。

一是小国与大国的关系。由于中原王朝东亚大陆的统治地位和华夏文化的巨大影响，也由于历史上的联系和交往，周围的小国出于种种原因一般都愿意与中原政权保持称臣纳贡的关系，其结果是使它们既能避免吞并，保持实际的独立，也能获得贸易和交流的好处，还可能在遭遇内乱外患时寻求庇护。独立后的朝鲜、越南多数时期都保持着这种关系，但它们并不是中原王朝的一部分，实际上是独立国家。日本早在东汉初就接受过“倭奴国王”的印，以后也不断渡海“朝贡”，但能说日本曾经被中国“统一”过吗？

一是战败国与战胜国的关系。历史上常有一些边疆的非汉族政权在军事上处于劣势或经济上遭到困难时向中原政权称臣纳贡，以避免被消灭及获得资助或庇护；而中原王朝尽管一时处于军事优势，却也没有力量将对方吞并占领，因而乐意接受。例如西汉后期与匈奴就是如此。但汉、匈双方有明确的边界线——长城，军队或人民都不能随意进出，汉朝从未将匈奴视为国内或按国内加以统治，所以匈奴并未因称臣纳贡而成为汉朝的一部分。

一是以朝贡为名义的通商贸易。历来中原王朝的统治者都以世界中心自居，认为本国是世上最富足的国家，无所不有，不必依靠外人，所以一贯不重视对外贸易和经济活动。外国及边区的商人如以经商相求常常得不到合法的批准，经济利益也无保证。而且中国统治者如果公开购买外来物品，既有损于自己至高无上的尊严，也将受到坚守儒家信念的臣子和理学家的批评规劝。但如果打起"朝贡"的旗号，商人们不仅可以享受使臣的待遇堂而皇之进出，而且可以获得大大超过贡品的赏赐，因为中原王朝历来是"只算政治账，不算经济账"的，为"国际影响"可以不惜工本，不顾本国百姓的死活。统治者既满足了虚荣心理，又可以名正言顺地享用各种"贡品"，自然很欢迎这种"进贡"。当然有时一些小国朝贡的积极性实在太高，不得不规定若干年一次及每次的人数。但无论次数、人数多少，这与领土归属、政治统一是风马牛不相及的。

更有甚者，中国以往的统治者和史臣们出于自我中心的错觉留下了不少一厢情愿的记载。这些史料的价值只在于反映了他们的无知闭塞和狂妄自大的心态，而不是所记载的客观事实的真实性。我们不妨引用一下十八世纪末乾隆皇帝通过英国使臣马嘎尔尼“赐”给英王乔治三世的信：

> 咨尔国王，远在重洋，倾心向化，特遣使恭赍表章……朕批阅表文，词意肫恳，具见尔国王恭顺之诚，深为嘉许。……天朝抚有四海，惟励精图治，办理政务，奇珍异宝，并无贵重。尔国王此次赍进各物，念其诚心远献，特谕该管衙门收纳。其实天朝德威远被，万国来王，种种贵重之物，梯航毕集，无所不有，尔之正使等所亲见。然从不贵奇巧，并无更需尔国制办物件。

今天看来，这无异痴人说梦，但在当时，却是这位“天朝大皇帝”引为自豪的杰作，并由史官郑重记录在案。幸而他早死了几十年，没有亲眼看见英国国王的“恭顺”和他的子孙一次次的“赏赐”。但如果世界上没有英文或者其他文字的历史记载，只剩这封信留下来，情况又将如何呢？我们有的历史学家会不会把这作为英国当时“穷绝来归”而未蒙乾隆接纳的证据呢？这或许只是近于儿戏的假设，可绝不是无事生非的杞忧，因为对中国历史上这类记载深信不疑的还大有人在；

而且自乾隆后，这类阿Q式的记录从未绝迹。那些对历史上“年年进贡，岁岁来朝”深信不疑的学者为什么不想一下：说中原王朝统一着这些进贡者不也同样滑稽可笑吗？

五

长期以来，对中国疆域的形成过程有一种很片面的观念，似乎只有加入中原王朝才是统一，是进步的；否则就是分裂，是反动的。因而在判断一个边疆政权、地方政权或少数民族政权时，总要千方百计寻找证据来证明它应该归属于中原王朝，实在不行就冠之以“分裂政权”。

这种观念忽略了一个最基本的事实，即中原王朝的疆域是逐渐扩大的，并且时有盈缩，中国的国土和人民正是在这样的基础上最终形成的。已经统一了的政权分为几个，或者原来属于该政权的一部分脱离了、独立了，可以称为分裂；但本来就存在于这个政权之外的政权或地区就无分裂可言，只能说是独立或自治。

直到清朝中叶，今天中国的领土总还有一部分存在着独立政权或自治地区。如在元朝之前，青藏高原一直是由吐蕃及其先人建立自主政权或者自治的。唐朝文成公主的出嫁是一种政治和解和文化传播，并没有也不可能改变吐蕃的独立国家地位，即使在以后吐蕃陷入内乱分裂的情况下，中原王朝也没有谋略把它纳入自己的版图，直到元朝运用军事和宗教的双重力量才使它成为帝国的一部分。吐蕃对中原政权只有和平与对抗的关系，没有什么统一与分裂的关系；要说有分裂那只是它内部的事情。这与成了元朝一个政区的西藏的性质是根本不同的。

还有一些边疆或少数民族地区，由于交通闭塞、条件艰苦，或者由于当地人民对外来统治者的抵制反抗，中央和地方政权不愿管辖或者管辖不了。有的虽然名义上是某州某长官，实际上是世袭的部族首领自行其是。这种情况直到二十世纪四十年代还存在，有的延续了数百年之久。这绝不是什么分裂，而是地方或民族的自治，在中国这样一个多民族国家形成的漫长过程中是完全正常的。

在人类的发展过程中，在今天中国的领土上出现过很多独立的、自治的政权，通过军事的、经济的、文化的、种族的、宗教的等各方面的手段和媒介，这些政权经过了无数次征服与被征服、自治和被统治、合并和解体、统一和分裂，最终形成了统一的清朝国家。还有少数政权和民族，这一复杂的过程绝不是统一和分裂所能完全包容的。至于分裂是不是必定反动，我在《普天之下——统一分裂与中国政治》上已做了初步探讨，限于篇幅，就不在此赘述了。

如果我们在这五个方面有了共同的认识，对中国历史上的统一和分裂有了共同的衡量标准，那么关于我的统计方法尽管还会有些具体的意见，但在总体上是能够被接受的。这样，要进一步讨论统一是不是中国历史主流就有了一个比较一致的前提。而且由于对“统一”这个概念有了更加科学的界定，我们对它的历史上的作用将有更加全面和深刻的理解，这对于我们认识历史、面对现实和把握未来都是十分有益的。

原载上海市历史学会编《历史·国情·现代化》，上海：复旦大学出版社，一九九〇年，第四六至六二页。

历史人才分布研究二题

翻开《绍兴名人辞典》，竟发现了慈禧太后时的权阉李莲英的大名，但仔细一看，原来他只是祖籍绍兴(不知是第几代)，本人出生于直隶河间府大城县。要不，说一口绍兴话是当不了太监的，至少不能成为慈禧的心腹。

此事给我们提出了一个问题，李莲英究竟应该算哪里人？是根据祖籍，还是根据出生地？结论似乎很简单，但遇到实际人物时，往往要复杂得多。

历史上的人才分布是历史文化地理研究的一个重要课题，并且很容易引起人们，特别是与此有关地区的人们的关注。在中国走向进一步改革开放，各地纷纷致力于人才的引进和培养的今天，从历史上人才分布的变迁考察本地的文化背景，总结历史的经验教训，无疑要比单纯的学术研究具有更大的意义。

但是现有的研究成果却并不尽如人意，原因之一固然是由于这方面的研究还刚刚开始，用现代的理论和手段进行的研究似乎还很少见；但方法上的缺陷和认识上的片面也是影响研究成果的重要因素。兹列举二例。

一

如何确定人才的地理位置或范围，是人才分布(或人才地理)研究的重要前提。但一般的研究都以人物的籍贯为统计指针或确定其地理位置的唯一依据，如一些流传甚广的论文和地图对从西汉至明清的各类人才，如三公、九卿、进士、诗人、宰辅、三鼎甲的分布，无不是根据他们的籍贯确定的。事实上，这种方法不仅存在很大的误差，甚至完全不能反映实际情况，由此得出的结论自然也就没有可信的基础。

毫无疑问，作为人才分布研究基础的，是造就人才的条件，包括地理条件。具体地说，就是作为人才的人物是在什么地方接受使之成为人才的影响或教育的。因此，最主要的是他们成为人才最关键的一段时间是在什么地方度过的。从这一角度看，史料中人物的籍贯往往不能代表这样的地方。

古人传记或自述中的籍贯大多是祖籍，但由于种种原因，真正是在祖籍度过这一段关键时期的反而不一定是多数。

尽管中国有安土重迁的传统，但这主要是指占人口绝大多数的从事农耕的农民以及单纯的地主，基本不包括被我们列为人才的人物，如有相当地位或作为的文武官员、文人学者等。因为这些人一般不可能一直住在穷乡僻壤，大多活动于通都大邑，他们的后人出生或成长在外地的可能性就更大。即使是在社会安定的时期，这些人的流动性也比一般百姓大得多。如秦汉以来在首都任职的官员和各地的行政长官多数不是本地人，有的离开原籍已不止一代，但除了某些特殊情况，他们一般不会改变自己的籍贯。东汉时出现了好几位籍贯是西北边郡的知名学者，但实际上除了个别人以外，他们都是在首都洛阳等地居住或接受教育。明清时就有不少生长在京师的人物，籍贯却还是南方的祖籍，南方对他们的影响只是血统（如果父母双方都是南方人的话）和家庭的传统，但北京对他们的影响却是他们之所以成才的决定性因素。

自从门阀制度盛行以后，高门世族成为士人立命进身的基础，各姓人士无不标榜本族的郡望，王氏必称太原，谢氏必称陈郡，杨氏必称弘农，赵氏必称天水，等等。因此，已在京师任职数代的大族，必然还要以郡望所在为籍贯。像出身北朝至隋唐一些大族的人物所用籍贯，大多并不是他们实际生长的地方。而且在这种制度的影响下，一些人进身无门，不得不冒用他族的郡望，伪造世系。这些人的籍贯就更与他们的出生或成长地无关了。

自秦汉以来，历代都实行户籍登记制度，但对外出当官、游学、经商或逃亡的人来说，只要他们还没有在外地取得合法的户籍，他们甚至他们的下一代的户籍就依然登记在原地。如汉代在京城的官员，除非特许入籍首都，否则即使在当地生儿育女，本人和家属都只在原籍登记。科举取士的前几轮一般都按地区分配名额，对应试人的籍贯登记有严格的规定，必须以户籍为准。当然也有少数人为了应试方便等原因而冒用别的籍贯，但完全可能受到追究；而且一旦冒用，往往就得将错就错一辈子。所以简单地根据籍贯统计出来的科举人物，往往不能客观反映这些人的实际分布，特别是他们接受教育的地理环境。

由于长期存在的民族歧视，在封建社会的大多数时期，尤其是明清以来，非汉族人士在取得了一定的政治、经济、文化地位以后，或者为了获得进一步发展的机会，都会自觉不自觉地隐瞒以至改变自己原来的民族成分，编造或附会自己的汉族世系，为此往往不得不改变自己的祖籍或籍贯。如近代贵州布依族学者莫友芝，一直被称为出于江宁莫氏，当然是汉族。已故云南纳西族学者方国瑜，在新中国成立前就曾自称是安徽桐城方氏。如果我们不加分析地运用这些数据，结果必然是人才大大集中于汉族、经济文化发达地区和世家大族，而少数民族、经济文化落后地区和普通家族中的人才就会比实际少得多。

在社会发生战争动乱，出现大规模的人口迁移以后相当长的时期内，籍贯和出生地、居住地完全脱离的现象更为普遍。如从四世纪初永嘉之乱开始的人口南迁和向其他周边地区的迁移至少持续一百多年，仅迁入南方的移民累计就超过二百万。这些移民一般都已在南方定居，但直到六世纪后期南北统一时，士大夫们都还在使用北方原籍。从一一二六年靖康之乱开始的人口南迁几乎与整个南宋相始终，移民总数多达数百万，遍及南方各地。但在相当长一段时间内，移民及其后裔使用的自然也是北方的原籍。在这些特殊的时期和地区内，以籍贯为基础的统计数据可以说完全不反映实际情况。如见于《南史》列传的七百二十八个人物中，北方移民及其后裔有五百零六人。如果我们根据他们的籍贯统计，那么南方籍的人物只有二百二十二人，似乎即使在南朝，南方的人才也少得很。但实际上，这五百零六人中真正生长在北方的是极少数，其他大多数人早已在南方定居，当然是南方的地理环境而不是北方的地理环境造就了其中的各种人才。

还应该看到，即使籍贯与出生地一致，也还有种种特殊情况。从人才研究的角度讲，最主要的还是要确定一个人之所以成为某一方面的人才的主要因素来自何方、产生在何地。例如自明清以来，在各地、各级衙门十分活跃的“绍兴师爷”中不乏优秀的行政、管理、法律、经济、社交、秘书人才。尽管这些人都是绍兴籍，但如果一定要在绍兴本地或从绍兴的地理条件中寻找他们“成才”的原因，恐怕至多只能从当地的人口压力和家庭的择业传统这两方面得到解释。不过这也至多决定了这些人的职业，却不能说明他们何以能有如此大的能耐，因为使他们“成才”的主要环境还是自幼耳濡目染和以后亲身参与的官场运作。

对于具体人物，情况就更加复杂。如周恩来的父亲是浙江绍兴人，母亲是江苏淮安人，本人在淮安出生并度过童年，但他在天津受教育时间最长，另有两年在日本、三年在欧洲。作为绍兴人的父亲、淮安人的母亲和他本人在淮安的童年对他的成长当然会有影响，但与天津相比哪一方面更重要呢？如果根据籍贯统计，周恩来应算在绍兴；根据出生地统计，他应该算在淮安；却不可能算到天津。又如先师谭其骧先生出生在沈阳，两岁时回到原籍嘉兴，十五岁到上海求学。外国的名人录只登记出生地，他就得统计在沈阳，但沈阳对他的影响却可以忽略不计，其重要性与嘉兴、上海不可同日而语。

当然，由于史料的缺乏，对历史上大多数人物很难做如此具体的分析，往往只留下了籍贯，却无法搞清他们真实的出生地和生长地。尽管如此，我们还是应该根据当时的历史背景，尽可能做出客观的估计，至少要对统计的依据做必要的说明。

还应该指出，有的论文和地图虽然有很具体的统计数字，却不说明这些数字的来源和统计的标准。这样的结果，即使不是毫无意义，也是令人怀疑的。

二

对文化或人才发达地区的确定，不能仅仅根据某一类人才的数量，而应该有比较全面的指标。

首先要有人均指标。人才既然是全部人口的一部分，就必须考虑他们与全部人口的关系、在全部人口中所占的比例，而不仅是他们的绝对数字。如明朝的三鼎甲，南直隶有六十六人，总数第一；浙江和江西都是四十八人，并列第二。但南直隶的人口估计是浙江的近一倍，江西人口可能比浙江略多，因而以人均计，浙江遥遥领先，江西其次，南直隶只能居第三。又如清朝乾隆初所举博学鸿词，江苏七十八人，浙江六十八人，江西三十六人；但以人均计，浙江仍稳居第一，江西略高于江苏而居其次，江苏仍为第三。

其次，人才不应限于科举人物或儒家文化的范围，还应该包括其他更广泛的类型，如经济、军事、艺术、科技等。当然由于现有史料的缺乏，特别是在儒家思想长期影响下，没有科举功名或社会地位的科技、艺术人才往往很难见于记载；即使侥幸得到记载，一般也过于简略。但这些人物的重要性和代表性无疑比大多数平庸的科举人物要大得多，应能更全面地显示所在地区的文化发达程度，因此完全值得我们下功夫去发掘收集。至少自明清以来的方志、笔记和其他史料中还是可以有所发现的，只是因为数据相当分散，其中一部分又混杂有迷信荒诞或夸大片面的内容，收集整理工作非常困难。

再次，对不同类型的人才应按不同的等级量化，不宜等量齐观。必须指出，不同层次或不同类型的人才产生的条件和所起的作用存在着很大的差异。一般说来，产生初级及中级人才的条件在各地都可能具备，并且完全可以与当地经济的发展同步；但产生高级的、杰出的人才的条件就不是每一地区都能拥有的，也不一定与当地的经济实力成正比；天才的出现，则更多地体现出个人的因素，很难单纯从环境方面加以解释。同样，文学家不必成长于经济发达地区，三鼎甲也可能出在乡村山区，但天文学家大多离不开朝廷所在的都城，经济人才多数产生在通都大邑。又如，即使在穷乡僻壤，也会有私家教授；而各种官学、书院、画院和艺术机构基本都设立在全国性或地区性的中心，都要有相当的物质基础。因此，如果我们简单地根据某一类人才或某一类文化设施来分析文化发达程度，就很难得到正确的结论。

最后还应该指出，由于中国历史上目前所能统计到的各类人物大多属士大夫阶层，受政治制度的影响极大，因此我们在研究的过程中，必须充分考虑到这一因素。例如，在门阀制度盛行的时期，高门世族垄断了高中级官僚阶层，政治、军事、文学人物往往集中在几个大族，他们的籍贯当然也就非常突出。如东晋、南朝的琅琊临沂王氏和陈郡阳夏(治今河南太康县)谢氏二族(实际多数居住在今南京和浙江绍兴一带)在有关的人物统计中占了很大的比例，但真正够得上人才的却并不多。而且由于出身寒门素族的人没有入仕或成名的机会，被埋没的人才不知其数。统治阶级内部的朋党、地域集团之争，也使政治人物相对集中在某些占优势人物所在的地区或家族，而非主流集团人物所在的地区或家族则处于不利地位。考察政治因素的时候还应该注意到，尽管从总体上说，文化中心是与政治中心一致，并且会随着政治中心的迁移而转移，但却不是同步的，一般是滞后的。如历史上的长安、洛阳、南京、临安、北京都曾在失去首都地位以后相当长的一段时间内，保持着文化中心的作用。各个地区性的行政中心也有同样的情况。甚至一个家族，在政治、经济地位下降以后，由于传统的影响，也会在较长时间内保持着高于其实际社会层次的文化水平。不过由于赖以存在的主要基础已经丧失，它们的衰落只是时间问题。

在史料不足、量化困难的条件下，比较稳妥的办法还是将与人才有关的种种因素叠加统计，综合分析。如考察一个地区的文化发达程度，可以对人口构成(包括科举在内的各类人才的人均数量、人口的职业构成、外来移民的类型和所占比例等)、教育状况(有多少公私学校、在全国或地区的地位、教师和学生人数等)、学术水平(拥有多少著名学者、学派、著作、涉及的研究领域、在全国和地区的地位)、出版事业(有多少书坊、书铺、印刷发行了多少书籍、流通的范围等)等各方面的数字加以统计或估计等级，再结合当地的社会风尚、经济水平和历史传统等因素进行综合分析。由此得出的结论，无疑会比仅仅根据若干类人物的统计数做出的结论要合理可信。

原载缪进鸿主编《中国东南地区人才问题国际研讨会论文集》，杭州：浙江大学出版社，一九九三年十月，第三〇至三四页。

论中国的大古都的等级及其量化分析

——兼答安阳能否列入“七大古都”

自从有了“大古都”的名称后，先后有过“五大古都”“六大古都”的说法，先师季龙（谭其骧）先生又提出了“七大古都”说。此外，有的地方认为它应该继“七大古都”之后居第八或第九，实际上提出了“八大”或“九大”古都说；上海古籍出版社出过一本《十大古都》。另一方面，有人不赞成“七大古都”说，有人对这些大古都次序的排列也有不同意见。

以上各种说法或意见，有的是可以兼容的，如提“八大”或“十大”的人并不反对“七大”，先师提“七大”也不反对“五大”。有的提法却是排他的，如先师认为“六大”是不合理的，同时认为古都有不同的等级，总有若干个是不相上下的，只能列为同一等级，不能随意定一个数；有人认为大古都只能在统一王朝的首都中确定，不能扩大到分裂割据政权的都城。

应该承认，除了个别人是明显违背历史事实，强词夺理以外，其他的说法都有一定的道理，只是侧重点不同，或使用的标准不一致而已。学人见仁见智，对具体问题有不同见解是完全正常的，但也应该本着实事求是的精神，对一些重大的原则和标准尽可能求得共识，使中国的古都研究提高到应有的理论高度，也使中国古都学会有关“大古都”的决议具有更坚实的学术基础。

一、对古都做量化分析的必要性和可能性

对古都的定义，似乎并没有异议，那就是：凡是历史上曾经做过一个政权的政治中心的城市，无论是统一王朝还是分裂割据政权，无论是属于什么民族，也无论今天是否还存在遗址遗物，都是中国历史上的古都。

古都有不同的等级，对古都应该分等级、排次序，或者说古都有相对的大小之分，这也是大家一致的看法。

因此，我们面临的问题是，怎样来衡量古都的大小，采用什么具体的标准，各项指标之间又如何加以综合。比如说，一个古都可以强调它的建都历史最长，或者建都的时间最早；可以突出它当时拥有的疆域最广，或者这个政权的国力最强；能够以建筑规模最大取胜，或者以保存遗物最多著称；如此等等。如果这些优点集中在一个城市，那无疑就是中国最大的古都了。但事实上，没有一个城市会拥有全部第一，不同的第一之间又怎样来比较呢？如果各个古都各项指

标的排列次序也都一致，如某城都是第一，某城都是第二或第三，那也好办。可是事实并非如此，如甲城拥有这项第一，乙城稳居那项第一，丙城却有三项第二。而且，除了比较容易确定次序的标准以外，还有一些难以量化的标准，如经济文化的发达程度、国际或国内的影响、在历史上的作用等，往往难分伯仲，或者根本无法比较。还必须认识到，古都等级的确定不仅是一个历史学问题，还涉及其他各种现实的因素；既不能完全根据历史事实，也不能全部取决于现状。

如果我们能够为确定古都的重要性制定出几项共同的标准，并且确定每项标准所应占的比例，就不难给所有的古都排出相对合理的次序。这就需要对古都做定量分析。

那么，有没有量化的可能呢？回答是肯定的，尽管有相当大的难度。

主要的理由是，有关中国古都的史料是相当多的，目前已经发现并得到确认的遗址、遗物也越来越丰富，这些考古发现既证实了文献资料基本是可信的，也弥补了记载的不足，所以我们已经有条件大致复原出大多数古都的原貌，确定其基本的时间、空间坐标。

古都的一部分指标完全可以量化，如建都的起讫时间、城市的规模、与今天作为它的后身的城市的重合程度等，而且古都学界对这些事实并无异议。

古都的另一部分指标所依据的事实是清楚的，只需要对量化的方法取得一致，即将它们折算为相应的数据。如古都的性质：是全国性的统一王朝，还是地方性的割据、分裂或自治政权；是名义上的首都，还是实际上的政治中心；所拥有的实际统治区的大小；后身城市的地位是今天的首都、省会还是省以下单位等。

还有一些指标本身就是模糊的，如一个古都经济文化的发达程度，对统治区的控制程度，当时对整个中国和世界的影响，后身城市在国际和国内的知名度等，客观上并没有可资利用的数据，但我们可以根据史料的综合分析和相互间的比较，定出一个大家可以接受的等级值。各种等级值相乘的结果，一般可视为这个古都的综合指标值。

当然并不是所有的古都都具备做量化分析的条件，但对绝大多数古都，特别是有资格进入大古都行列的城市是完全可行的。这样的结果也不可能完全精确，但至少为确定古都或大古都的次序提供了比较客观的标准，避免了主观性和随意性。

二、对古都做量化分析的主要指标和评定方法

在选择古都的主要指标之前，必须首先对几个基本观点统一认识。

第一，历史事实是决定古都重要性的前提。古都并不是一般的城市，无论今天这个城市多么发达、多么重要、多么

宏大，只要在中国历史上没有做过一个独立政权的政治中心，就与古都无缘。因此我们在选择这些指标时，应该把历史上这个城市作为都城的有关事实和数据放在首位。

第二，必须确定历史上的都城与今天作为古都的城市之间的关系。尽管名字不必相同，城址不必完全重合，但现在的城市与历史上的都城必须有继承关系，即现在的城市是由历史上的都城发展而来的，迁移过来的，或者在遗址上重建的。因此，古都城址与今城市的重合程度是必须考虑的一个重要因素。今城市一般只能指传统的市区和郊区，不是指作为行政区划的市的范围，不能扩大到近数十年来因为行政区划调整而增加的辖县。

第三，今城市的地位和影响同样应该重视。对古都的研究并不是纯粹的历史课题，古都作为一项重要的人文资源的开发利用更是一个现实问题。今城市是首都、省会，还是市、县，今城市的重要性和知名度的大小，对于古都人文价值的发挥起着不同的作用，因为这些都是古都的价值能否发挥作用的基础。如果一个历史上的都城已经完全成为废墟，又不坐落在今城市之内或附近，那么无论它当年是何等辉煌，今天只能是一个遗址，而不能成为古都了。

第四，应该站在今天中国各族人民共同的立场上，而不是用封建正统的、某一个民族的或某一个地方的观念，来评价古都的重要性。以往的学者往往只注重正统王朝、中原的或汉族政权首都的地位，而不重视同时存在的边疆的、非汉族的、历来被视为非正统的政权。如南北朝时期的平城、洛阳、邺与建康，宋金时期的临安与燕京、开封，作为一个独立政权的首都的地位是相同的，我们只能根据它们的具体指标来确定其重要性，而不存在正统与非正统的区别。有人至今还把杭州视为南宋与金时期中国的中心，却不顾当时宋、金、西夏、大理、蒙古等政权同时存在并相互独立的事实，也不考虑当时杭州实际统治的范围的大小，自然会得出偏颇的结论。

决定一个古都今天的地位的因素很多，有一些是某一古都的个性，但有一些却是各个古都的共性，拟从中选出主要的几种，并确定评估的方法如下：

（一）建都时间

以年为单位，每年一分。建都时间不足一年或不足一年的尾数均作一年计。虽无首都名义但实际上已成为政治中心的城市，按其实际时间计算。仅有陪都名义而无首都实际作用者、仅作为巡幸或驻跸者不计。建都时间长短的重要性不言而喻，而且容易精确，因此以这项指标作为基数，而以（一）以下各项资料作为相乘的系数。

（二）都城性质

以大一统王朝（即在某历史时期的中国范围内只有一个王朝，如完成统一后的清朝）的首都为最高数一，以下依次递减：基本统一的王朝，如西汉中后期和唐安史之乱前的长安、明前期的南京和北京等为零点九；商、西周及对峙时期的主要政权的首都为零点八，其余政权依次为零点七、零点六或更低，如北宋的开封为零点八，辽都上京和中京为零点七，西夏的兴庆府(今宁夏银川)和大理的大理城为零点六；分裂时期的主要政权的首都为零点七，其余依次为零点六或更低，如五代时期的洛阳、开封为零点七，前后蜀的成都、楚的长沙、南唐的江宁府(今江苏南京)、吴越的杭州、南汉的广州等为零点六，南平的江陵府、北汉的太原府、闽的长乐府(今福建福州)、清源的泉州等为零点五；春秋战国时期东周和各国的都城，按不同阶段的实际形势定为零点七至零点四不等，如东周初期的洛阳和战国后期的咸阳为零点七，齐、晋、楚、韩、赵、魏、燕等国的都城可定为零点六或零点五，更小的诸侯国都可定为零点四。实际政治中心按其名义首都应得的系数减去零点一，如东汉末年的许(今河南许昌)属分裂时期的主要首都，应为零点七，邺成为实际政治中心期间可定为零点六。名义上的首都仍按实际首都的系数确定，因为一方面这类首都毕竟还在行使一定的首都职能，另一方面我们在确定其首都功能系数时已经考虑了这一因素(详见下述)。

(三)都城所代表政权的疆域幅员

以当时在中国(此概念大致据《中国历史地图集》确定)并存的全部政权的疆域为一，大致测定该政权所占的比例，各政权的系数合计不能超过一。但考虑到首都所起的作用应限于已开发地区或已设置政区的区域，所以在测定总面积和各政权的面积时，都应扣除未开发地区或未设置政区的部分，也不计未设置首都的游牧民族政权或还处于开发初期的其他民族地区。如春秋战国时期，一般仅计各诸侯国。建都期间的疆域范围，选其比较稳定的阶段，不计临时性的变化。但如果该政权的疆域前后变化太大，可分段确定不同的系数，分段计算。

（四）首都对政权的控制程度

根据各政权行政制度的总体性质确定：高度中央集权的政权如明、清为一；中央集权政权如唐安史之乱前、宋为零点九；部分实行分封制或部分被分裂割据的政权为零点八，如西汉前期、安史之乱后的唐；分封制政权如西周为零点七；分封与部落联盟结合的政权如商为零点六。处于分裂状态的政权如五代各朝，由于已经只计其实际控制的疆域，因而只考虑其行政制度本身，仍可按中央集权政权定为零点九。而部分分封或部分被分裂割据的政权，则因依然计其全部疆域，故应考虑其实际行政控制能力的下降。

（五）遗址遗物的保留程度

指迄今为止，一个都城在拥有首都或政治中心地位期间还存在并被发现的遗址和遗物，不包括其他时期留下的遗址遗物。如杭州应限于南宋，而不包括北宋或唐代的；南京只指六朝和明初，不能计元代或清代的。以北京为最高值一，其他古都依次模拟，定为零点九至零点五不等。如今城市的名称与当时的都城名称完全相同，也应视为一种遗物得到保留的因素，可在不超过零点一的幅度内适当增加其系数。

(六)今城市的政区等级

以首都为最高数一，以下依次递减：省会、直辖市城区、自治区首府为零点九，地级市城区为零点八，县级市为零点七，县为零点六。县城以下单位本身不是城市，不可能作为任何一个古都的后身，只能依附于所在今县的县城，因而不必考虑县城以下单位。

(七)古都与今城市的重合度

以古都的遗址或复原范围的中心与今城市习惯计程中心之间的距离为准。距离在五千米以内(含五千米，以下同)又与今城市的市区(不包括与传统城区分离的今建置市区，以下同)大部分重合的为一，如明、清的北京与今北京，南宋的临安与今杭州等；距离在五千米以内但只有一小部分与今市区重合的为零点九；距离在五千米以上十千米以下的为零点八；十千米以上十五千米以下的为零点七；十五千米以上二十千米以下的为零点六；二十千米以上二十五千米以下的为零点五；其余以此类推，最低值为零点一。

(八)古都与今城市的继承性

凡古都废后的政区即今城市的前身与今城市在同一政区并治所相同的为一，如明、清北京与今北京市，北宋开封与今开封市；古都废后虽未明确归属，但以后明确属于今城市所在县级政区范围之内的，或者古都废后设置的政区虽已迁移，但遗址完全坐落在今城市范围之内的，均为零点九，如殷都与今安阳、南朝陈都建康与今南京市；古都废后所设置的政区及主要居民迁治的政区即今城市前身、二者又为邻县的为零点八，如今安阳的前身为北齐灭后邺都所迁，邺都遗址所在的临漳县为今安阳县的邻县；有以上迁移关系但与今城市所在县仅隔一县的为零点七，其余均为零点六；古都废后与今城市的前身所在政区既非同治又无迁移关系，在本县范围内为零点五，邻县内为零点四，其余均为零点三。

（九）综合知名度

这是一项比较模糊且难以定量的指标，但可以通过比较来确定。所谓综合知名度，就是既基于建都时期在国际与国内的知名度，也要考虑都城废后发展为今城市，在国际与国内的知名度。拟选择公认的最知名古都北京为一，将进行评估的其他古都比较后以零点一为差距分为若干级。如以“七大古都”言，西安可定为零点九，洛阳可定为零点八，杭州、南京可定为零点七，开封可定为零点六，安阳可定为零点五。但这项系数不是固定不变的，如果一个古都有了重大的考古发现，或者作为古都后身的今城市的知名度大大提高了，这项系数就应加以修正，而其他古都的系数可能就相应降低了。

其他还有一些因素可以考虑，但限于目前的史料和考古发现，要对古都普遍加以评估还有困难。

例如古都的城市面积，本来是一项很重要的指标，但有些古都已经做了很彻底的发掘和调查，有的有比较详细的文献资料，有的却至今无法复原。而且社会是在进步的，后期的首都的规模超过早期的首都是正常现象，但这并不意味着早期的首都不如后期的重要。如果只讲绝对数字，那么早期的首都或许都无法与今天的大都会相比，岂不成了越近越重要吗？显然这不是历史唯物主义的科学方法。正确的方法应该是将古都与当时世界上和中国内部的其他城市相比，确定它们的相对地位，由此来评出应得的系数。如当时居于世界第一或前列，应定为一；中国范围内居第一，可定为零点九；其余类推。

人口数字也是如此，绝对数字固然重要，但更重要的是占当时中国总人口的百分比以及占该政权总人口的百分比。遗憾的是，到目前为止，能够确定这一百分比的古都还很有限，有的根本没有可信的数字，有的各人的估计数又截然不同。

经济和文化的发达程度同样是难以量化的，只能在同时代做比较，但从中国历史的实际出发，做这项评估的意义并不大。因为我们的评估范围只是当时的都城，如果是在大一统王朝，其首都的经济文化肯定要比同时存在的民族政权、边疆政权或短期割据政权的都城发达；如果是在分裂时期，各政权的都城间除了少数相差很大的情况外，往往很难比较。如对春秋战国时期各诸侯国的都城，要排出一个经济文化发达程度的序列恐怕不是容易的；三国时的洛阳是在废墟上恢复的，未必胜过成都、建业；北魏的洛阳虽可肯定已超过了南朝的建康，但东晋与南北朝其他阶段各都城之间就有各领风骚的现象。

不过，如果是对某些具体的都城进行评估，而这些都城又具备定量或比较的条件，还是可以补充若干系数的。

三、以南京、安阳、杭州为例的评估

笔者的这项研究还在继续进行，详细的结果尚未最后形成。为了就教于古都学界同仁，也为了答复一些人对“七大古都”说的责难，现在就先以“七大古都”中的南京、安阳、杭州为例，运用本文提出的方法做出评估。评估的项目同上列九项，表中用了简称。各项数据的确定标准已见上述，不再一一列举。列表见下页。

至此，我们完全可以得出这样的结论：以上这三个古都的排列次序是南京、安阳、杭州。安阳的综合指数高于杭州，列于“七大古都”是当之无愧的。当然，由于其中部分指标缺乏准确的数据，不同的作者所取的系数可能会有所不同，但笔者已尽量采取客观的态度，在安阳与杭州的比较中特别注意了这一点，自信是经得起驳难的；至少可以说，安阳与杭州是不相上下的。

	南京					安阳				杭州	
	建业	建康	江宁	应天	天京	殷	邺 1	邺 2	邺 3	杭州	临安
建都时间	60	270	38	53	12	273	16	35	43	71	138
都城性质	0.6	0.7	0.5	0.9	0.7	0.8	0.6	0.6	0.7	0.6	0.8
疆域幅员	0.3	0.4	0.2	0.9	0.3	0.7	0.5	0.4	0.3	0.1	0.4
控制程度	0.8	0.9	0.8	1.0	0.8	0.6	0.8	0.8	0.8	0.8	0.9
遗址遗物	0.5	0.6	0.6	0.9	0.8	0.7	0.5	0.5	0.5	0.7	0.8
今城等级	0.9					0.8				0.9	
重合度	1.0					1.0	0.6	0.6	0.6	1.0	1.0
继承性	1.0	0.9	1.0	1.0	0.9	0.9	0.4	0.4	0.8	1.0	1.0
知名度	0.7					0.5				0.7	
合计	2.72	23.15	1.15	24.34	1.02	25.68	0.25	0.32	0.69	1.25	20.03
总计	52.38					26.94				21.28	

说明：邺 1 指东汉末实际政治中心及魏都(204—220)。

邺 2 指后赵及冉魏都城(335—370)。

邺 3 指东魏及北齐都城(524—577)。

原载《中国历史地理论丛》一九九五年第一期，第六七至七五页。

就事论事与不就事论事

——我看《怀柔远人》之争

《二十一世纪》先后发表了周锡瑞、艾尔曼和胡志德、张隆溪的观点各异以至针锋相对的文章[①]，张隆溪的文章还引述了我的观点。这些文章以及它们所讨论的何伟亚的书《怀柔远人》，都是中国历史或与研究中国历史有关的问题，但参与者却还没有一位是在中国大陆的中国学者，所以我觉得无论如何应该说几句话，尽管中国的"后现代"或"前现代"学者也许都会反对我的意见，当然更谈不上做他们的代表了。

但我也有些犹豫，因为读了艾、胡二位对周锡瑞的反批评文章后，特别是看到他们对周锡瑞"向'后现代'宣泄恶意"的指责和"周锡瑞对何伟亚的批评如果机遇好，大概还会得到

①[美]周锡瑞(Joseph W. Esherich)：《后现代式研究：望文生义，方为妥善》，《二十一世纪》1997年12月号；[美]艾尔曼(Benjamin Elman)、[美]胡志德(Theodore Huters)：《马嘎尔尼使团、后现代主义与近代中国史：评周锡瑞对何伟亚著作的批评》，《二十一世纪》1997年12月号；张隆溪：《什么是"怀柔远人"？正名、考证，与后现代式史学》，《二十一世纪》1998年2月号。

来自各个政治阵营的许多名人及领袖们的首肯，比如亚当·斯密、黑格尔、马克思、严复、陈独秀、毛泽东、邓小平、福山、克林顿乃至江泽民”这样的政治判断以后。因为首先，我根本不认识何伟亚、艾胡二位和周锡瑞，此前没有读过他们的论著，张隆溪虽在哈佛燕京时见过几次，也已十多年没有联系，谁知道他们是哪一派。“后”还是“前”？要是机遇不好，撞上哪一派的枪口，岂不自讨晦气？其次，我手头没有《怀柔远人》的原版书，自然无法像他们那样做逐字逐句的讨论，更难做中、英两种文字间的对勘。

不过我还是主张，讨论问题不妨就事论事，不必扯得太远。看一个观点、一句话是否正确，可以不问持有此观点或说此话的人是谁，有什么身份，代表哪一派。批评一本书、一个观点，同样不要动辄与“后现代”“前现代”联系在一起。当然，我绝不反对就某种学术流派、某种思想体系进行评价或讨论，但这至少应该在具体问题讨论出一个结果来以后，而不是先入为主，因人、因派立言。既然是讨论《怀柔远人》，应该先就书论书，对批评或赞扬的人都不必问是什么派。或许我说的完全是外行话，但我相信《二十一世纪》的读者多数还是我这样的外行。

记得“文化大革命”初期马路上的“大辩论”，参加者先要自报家门，什么出身、什么身份，然后才能发言。又记得当年如要批评某一句话或某一个人，先得弄清他的身份或背景，否则，说不定就会被扣上一顶“对无产阶级革命派的态度问题”或“矛头指向毛主席为首的无产阶级革命路线”的大帽子。同样一句话，此人说了就是真理，彼人讲了即成反动。这次看到诸位的笔仗，不知为什么，我想起了这些旧事。

至于“来自各个政治阵营的许多名人及领袖们”的机遇，我看还是不要考虑为好。真有这样的机遇的话，或许何伟亚的书比佩雷菲特的书更会得到毛泽东的青睐。要是这本书早出二三十年，说不定我们不得不多学一条“最高指示”。这自然只是一种假设，请不要当真。但我宁可相信这一段话有翻译上的错误，否则艾、胡二位所“敬重的学者”何至于将亚当·斯密、黑格尔、马克思、严复、陈独秀、毛泽东、邓小平、福山、克林顿与江泽民这些价值观念截然不同的人物列在一起？试问二位能举出哪一种这些人物都一致赞赏或反对的观点来吗？

即使诸位不同意我的意见，我也请求对我的文章网开一面，就事论事，因为我只想对《怀柔远人》构架说一点看法，而不准备对它可能代表的“后现代”说三道四。

不过对于研究中国的历史，就事论事就不够了，我想研究其他历史也应该如此。

各位用颇多篇幅讨论中国传统的考据之学，老实说，我看不出有什么特别或高明的地方，对中国学者，特别是史学家来说，这本来就是常识。能识字看书并能正确理解史料的含义的人未必就会产生高明的见解，但连字面意思都不能正确理解的人的高见又从何而来？一个不懂英语的人要研究英国历史，虽然不是绝对不行，却完全取决于有没有合格的翻译，要不岂非胡闹？就是读懂了文字，还只是有了就事论事的本领，何况确实还没有完全读懂？

譬如“文化大革命”，从字面上说，无论如何革命，如何大，总不会超出“文化”的范围吧！要翻译也罢，考据也罢，只能在“文化”上做文章。只有了解这段历史的真相并对中国历史有所了解的人，才能真正理解这个“文化”的含义。类似的例子，在中国历史研究中可谓不胜枚举，我想对“怀柔远人”及有关的词语应该这样来理解。

要评价乾隆对待马嘎尔尼来访的态度是否合理，措置是否恰当，当然要仔细研究具体的史料，但更重要的是从整体上理解乾隆及清朝政府对待外国的观念，以及产生这种观念的历史和文化背景。我曾经在《二十一世纪》上发表过《中国传统的民族主义与开放观》[①]一文，对自秦汉以来至近代中国传统的天下观做过分析。在《统一与分裂——中国历史的启示》中做过进一步的论述。对马嘎尔尼使团访华一事，我也曾在《读书》上发表过《要是世界上只有中文》和《世界上不止有中文》，在后一篇中还专门将故宫档案《英使马嘎尔尼来聘案》与根据英文原本翻译的《英使谒见乾隆纪实》做过对勘，并对此事做了历史性的分析[②]。为了让更多的读者，特别是青年能够

①载《二十一世纪》1993年第15期，后经修改后收于刘青峰主编：《民族主义与中国现代化》，香港：中文大学出版社，1994年，第221—230页。

②载《读书》1994年第7期、第11期。

了解这段历史，我没有将这两篇文章写得过于学术化，因而大概没有被当作中国学者的研究而受到外界的注意，所以得感谢张隆溪这次正确的引述。但在国内，某位“后学”在《原道》第二辑一篇文章的注中已经表示反对我的观点，只是没有说明具体理由。

简言之，从春秋战国开始形成的以中原为中心的天下观和与此相应的“华夷之辨”，经过秦汉以来历代中原王朝的强化，已经根深蒂固，不受到激烈的冲击是不可能轻易改变的。即使由于军事上处于劣势而不得不接受城下之盟，或者实际上不得不承认对等的或臣服的地位，在自己内部却只当成是对“夷狄”的怀柔和羁縻，心态上更是如此。如北宋对辽、金，南宋对金、蒙古和元。但由于入主中原的非汉族又以“天下之中”或正统的华夏继承人自居，这种天下观因此丝毫没有改变，只是换了主人而已。

唐太宗出生在一个非汉民族大量移居中原并与汉族广泛通婚的时代，连他本人的家族也具有“胡人”血统，在历代帝王中，他的对“夷狄”的观念是最积极、最开放的。如他认为“夷狄亦人耳，其情与中夏不殊 ”；“盖德泽洽，则四夷可使如一家”；但其前提还是“中国，根干也；四夷，枝叶也”；还是他视“四夷”为赤子，而“四夷”对他如父母。① 与那些实际上视“四夷”为禽兽的人相比，唐太宗无疑是值得称道的，他将

①见《资治通鉴》卷一九五《唐纪》十一（贞观十三年）及卷一九七《唐纪》十三（贞观十八年），北京：中华书局，1982 年，第 6149 页、第 6215—6216 页。

“四夷”与自己的百姓一视同仁，至少在理论上已经承认。但他绝不会承认自己与“四夷”的首领、唐朝与“四夷”政权存在兄弟关系，享有平等的地位，所以这之间只能是父子关系，他就是以慈父自诩，而希望“四夷”能当孝子。

我们当然不应苛求古人，因为产生这样的天下观是很正常的，符合人的认识规律。直到工业革命在西方出现，中国所拥有的物质和精神文明使它很自然地成为东亚以至整个东方的中心，它从来没有受到过外界真正的挑战——没有哪一个在经济和文化上都处于更大优势的民族或政权能够改变这种观念，或者进而征服中国。入主中原的非汉族最终毫无例外地成为文化上的被征服者。就是乾隆本人，当他统治着清朝一千多万平方公里领土和四亿人口时，他首先也是以尧、舜、禹的后代和秦、汉、唐、宋的继承人自居，而不仅是作为满洲爱新觉罗家族的后裔。

十五世纪后，西方传教士来中国传播了一些西方文明，但他们能接触到的中国人是极其有限的，其中能够稍微理解的人就更少。乾隆的祖父康熙或许是清朝统治者中最开明的一位，但他对西方文明的接受也仅限于具体的自然科学和技术，更何况在传教士基本被逐的乾隆时代和远不如康熙开明的皇帝。

无论马嘎尔尼使团和英国政府出于什么目的，无论这次使命的历史作用如何，在中国这一方面，尤其是对乾隆来说，只是接受一次“远夷”的进贡。之所以要特别隆重，是因为来者声称补行“恭贺万寿”之礼，而且该国在万里之外又主动请求来朝，这足以证明天朝的威望的确已经“无远弗届”。今天我们批评乾隆如何顽固保守也罢，赞扬乾隆如何明智正确也罢，其实都是太抬举了他。因为他对马嘎尔尼使团的接待方式、他所坚持的礼仪(包括必须行叩头礼)，都不是他别出心裁，而是当时以至千百年来的通礼定制，既不是对英国人的优待，也不是什么歧视。中国历史上发生过几次如何接待“外藩”或“夷狄”首领的争论，如西汉后期对如何处理匈奴单于“入朝”①，唐太宗时对如何对待突厥等族的降人②，但对接待马嘎尔尼“来朝”一事，乾隆朝野毫无异议，以至到二十世纪三十年代，大学历史教授还在课堂上引述史料，证明乾隆的“天威”使马嘎尔尼最终不得不下跪③。

或许有人可以举出他们的什么新发现，来证明乾隆有过与传统做法不同的“驾驭外藩”之道。但根据我对原始资料的理解，实在看不到这种迹象。而且，任何正确的判断和举措都是以全面正确了解情况为前提的。但实际上，乾隆及其身边的大臣根本不了解马嘎尔尼的真实意图，对英国也几乎一无所知。他们都不懂英文、拉丁文或任何一种西方语言，而全部英方文件的翻译又被有关官员下令按中国的惯例做了歪

①见《汉书》卷八《宣帝纪》及卷九四《匈奴传》，北京：中华书局，1975年，第270页。

②见新、旧《唐书》中《太宗纪》及有关传记，北京：中华书局，1975年，第3798页。

③此事记得见于周一良的回忆录《毕竟是书生》，连载于北京的《史学理论研究》杂志，洪业(煨莲)教授上课时引《蕴山堂集》诗句证明。但客居无书，无法注得更具体。如误记，亦请谅解。

曲性的改写[①]。不用说什么“工业革命”“东印度公司”“自由贸易”“资本主义扩张”，就是连英国究竟在哪里、有多大，他们也不知道，又怎么可能采取“针锋相对”的态度呢？在乾隆及其臣工们的眼里，马嘎尔尼一行无非是想以祝寿进贡为名，捞取天朝的好处，并提出了非分之想，表现得桀骜不驯，因此必须既以“天威”加以震慑，又要用厚赐来怀柔。正因为如此，在关系到天朝体制的方面，哪怕是一些细枝末节，也难以通融，而对经济利益则毫不计较，给予的各种“赏赐”和允许免税出口商品数量都大大超过了英国人的愿望。至于在叩头问题上的变通，只是乾隆不想把这件已经尽人皆知的“远航祝寿”太平盛事弄成不愉快的结果，扫了自己的兴，对英国这样从未沾染过王化的“远夷”也不值得过于顶真。还应该指出，马嘎尔尼最终没有行叩头礼的事，除了乾隆与英国人之外，在中国极少有人知道，并未造成什么影响。我很怀疑知道的人被要求保密，或者受命做相反的传达，所以才会有人写出歌颂“天威”使英夷身不由己地下跪的诗句来。

实际上，直到鸦片战争爆发时，乾隆的孙子道光皇帝和满朝大臣对英国的了解依然相当可怜，以至连起码的判断和准备都不可能。关于这些，茅海建的《天朝的崩溃》[②]一书已经做了非常客观而规范的学术性论述，我就不必多说了。

最后，鉴于诸位都谈到了史料的发现和解释问题，我还

①详见前面提到的发表于《读书》的拙文。

②茅海建：《天朝的崩溃》，北京：生活·读书·新知三联书店，1995年。

想说几句话。新的发现不一定来自新的史料，这一点我完全赞成。但任何新的发现都必须建立在该史料所涉及的客观事实的基础上。中国以往的官方史料、书面记录往往与实际相差甚远，甚至会截然相反，例如“款服”很可能是用金帛美女换来的，“去思碑”的对象往往是一个贪官，安居乐业的实际完全可能是家破人亡。但是史料与实际的差异又各不相同，如果一味做毫无依据的推断就难免有失公允，自我陶醉的“新发现”很可能成为一个笑话。

中国人和懂中文的人研究中国历史，未必都比洋人或不懂中文的人高明，但不了解中国的历史事实、对史料的字面意义都不能正确理解的人——不管他是哪一国的——又怎么能得出科学的结论呢？

一九九八年二月二十八日于日本京都

原载香港《二十一世纪》一九九八年四月号，第一三五至一三九页。

我的人文和科学观

多年前，一些学者发起了一场有关人文精神的讨论，当时我虽也颇为关注，但对“人文精神”的确切含义并不十分明白，而且参与讨论或卷入争论的人似乎也没有统一而明确的说法。争论的双方都有我的朋友，我也曾将双方的一些意见做过沟通。尽管我的努力似乎并没有弥合双方的分歧，但我却发现，他们的观点其实有不少共同的地方，即使看来针锋相对的提法，如果撇开抽象的概念，把话说得明白一点，也不会水火不相容。

究竟什么是人文精神？我一度想弄个明白。但稍一留意就急流勇退，因为这个问题的答案即使不会超过对“文化”所做的定义，大概也少不了多少。所以，我放弃了寻找标准答案的念头，而代之以考虑一种自己的定义。我一直认为，对不同的定义，每个人都能自由地取舍，只要自己一以贯之，遵守选定的定义，或者在需要改变时加以说明就可以了。更重要的是，我们应该明白，“人文精神”对我们自己、对我们所处的社会、对人类究竟意味着什么？

近年来商品经济大潮的冲击固然是促使我思考人文精神的重要因素，但随着环境保护日益受到人们的重视，人类与自然环境的关系也迫使我更多地考虑人的价值，即在人类与环境的关系中人类应该处于什么样的地位。在《未来生存空间·自然空间》一书中我说明了我的观点，最近的南极之行使我更坚定了原来的信念。

由于要探求人类与自然的关系，不可避免要涉及科学技术的作用，因此我不得不将人文观与科学观联系起来，或者说在思考人的价值和人的作用时比较注意从科学的角度做一番考察，看看是否现实，是否可行。同时，由于我从事的专业——历史地理——兼有人文社会科学和自然科学的特征，研究的过程也在不断加强我的思考。

不过，我至今还没有形成自以为完整的人文观和科学观，要不是本书编者的推动，我还没有勇气写这篇文章。也正因为如此，本文不是系统的论述，只是与此有关的一些想法。

一、人要不要精神生活

这些年来，一些人常表现出赤裸裸的物欲，上至党政高官，下至平民百姓，以至历来被视为神圣纯洁的学术、教育、文艺、医务、宗教、司法各界中，都有那么一些人，公然为追求个人的物质利益，不择手段，不知羞耻，甚至不顾法律，不计后果。尽管表现方式不同，但这些人所信奉的都是钱和物。这并不是说他们不要名誉和地位，但就他们的目的而言，名誉和地位只是换取金钱的手段，对不能为他们带来利益的名誉和地位，他们完全可以弃之如敝屣。如果说，以前有人还会给自己的行为找个借口，或者盖上一块遮羞布，现在却已堂而皇之，甚至可以提出理论根据。说一句大白话，就是在这世界上，只有钱是真的，其他都是假的。

在这里我不想讨论自私自利或个人主义的问题，也不想涉及公与私的关系这方面，上述现象的出现当然与此有关，我只想说一点，除了物质生活之外，人要不要精神生活？

表面看来，那些人追逐的只是某一样具体的东西，如一台彩电、一辆汽车、一套房子或者一叠票子，即使如此，在物的背后也还有物质以外的东西。任何一种用品，除了它的实用功能外，一般都有其象征性的、心理的、精神的功能，往往会与身份、地位或权力有关，而且会因地因时而异。例如在改革开放之初，一部单喇叭录音机就足以炫耀拥有海外关系或外汇，提着它在大街上走过，必定会招来啧啧称奇的议论和无比羡慕的注目礼。但如果今天再有人提着它招摇过市，不是被当作找不到工作的民工，就会被人怀疑精神不大正常。当初这部录音机对主人来说，绝不仅仅限于录音或放音，或许他还不懂如何操作，显然更大程度上是一种精神的满足。同样，在今天穿一条牛仔裤，除非是顶级名牌或十分特殊，否则决不会引起旁人的关注，所以穿的人只是考虑是否舒适或是否美观。但如果在改革开放之前，有人穿牛仔裤肯定是出于精神方面的考虑——要么是刻意追求“资产阶级生活方式”，要么是出于一种特殊的审美情趣，以至不惜冒受到鄙视甚至被批判的风险。

显然，那种声称不需要精神生活的人并非没有精神生活，只是自己不觉得，或者故意不承认而已。当然也有的人是由于物质生活的极度贫乏，因而不得不放弃对精神生活的追求。例如一些人长期处于贫困状态，除了设法维持温饱之外，已经没有任何精神享受，久而久之对精神生活就会麻木不仁。但即使在这样的条件下，人性对精神生活的渴望也会顽强地表现出来，就连尚未脱贫的农户过年时也会在家里贴上春联和窗花，在门上倒贴一个“福”字。另一类物质生活已经极其丰富的人却还在拼命攫取财富，他们得到的钱和物已经远远超出了实际需要，甚至为如何花掉这些钱、用掉这些物而发愁。如果仅仅是为了物质利益，他们完全不必这样做。当一个富商在他十个手指上套上沉重的足金宝石戒指时，当一个贪官不时在计算他的赃款增加了几个零时，当一群暴发户在豪华酒店斗富时，难道能说他们没有精神生活？

过度强调精神生活，甚至企图以虚幻的精神生活来抑制或取代物质生活，无疑是不现实的，或者只能用虚伪的形式存在。尤其是在人们基本的物质生活都没有保障的情况下，盲目地提倡和追求精神生活，结果往往连正常的物质生活都会受到影响。除非实行强制手段，或者采用迷信欺骗，一般人不可能在衣食不继的情况下追求精神生活。一个国家或一个民族如果不顾具体条件，将过多的精力和物力用之于精神生活，必然会影响自身的进步和发展。古代中国社会曾经有过相当发达的精神生活，创造过灿烂的精神文明。在一个完全依靠手工劳动的农业社会中，这样的追求几乎已经到了最大限度。但是，中国古代知识分子中，除了少数已经担任了行政官员的人多少从事一些行政管理方面的工作外，绝大多数文人并不直接或间接地参加生产劳动和科学研究，也很少学习儒家经典和传统的人文学科以外的知识。他们不仅鄙视体力劳动，也蔑视经营管理和科学技术。中国历史上不乏杰出的文学家、诗人、画家、书法家和人文学者，但科学家、有文化的技术人才却与知识分子的总数不成比例，少数今天被我们称为科学家的人，往往也是科场或官场失意后的业余爱好者，或者是有职务之便可利用，例如有资格参与天象的观察、历法的修订，或者保管着地图和档案。

但是如果走到另一个极端，忽视社会对正常的精神生活的需要，看不到精神生活对社会进步和人口素质提高的重要性，甚至将“经济效益”“为现实服务”作为衡量科学研究和学术活动的唯一标准，就会带来灾难性的后果。因为仅仅满足人们最低限度的物质需求，任何一个社会都不难做到。如果将人的需求都物化了，例如如果吃饭就是为了获取必要的营养和热量，那只要生产达到标准的复合食品就行了；如果穿衣只是为了保暖和遮羞，那也只要制造统一的制服就行了。可是对大多数人来说，吃饭和穿衣并非单纯的物质需要，同时也是一种精神享受，所以才有所谓的饮食文化和服饰文化。随着生产的发展，要满足人们对基本物质生活的需求已经变得越来越简单、越来越容易。衡量一个社会的发达程度，精神生活所占的比例必定会越来越高。如果社会对精神生活的需求不足，剩余的生产力就会无用武之地，经济的发展会缺乏动力。另一方面，人们的余暇时间会越来越多，除了用之于健身养生之外，都离不开精神生活。这反过来又对精神生活提出了更高的要求，从事精神生产的人应该越来越多，才能满足全社会在这方面的需求。

追求精神生活是人类的天性，也是人类与动物的主要区别。但精神生活离不开人的个性，不能简单地复制，也不一定能不断进步。前人在精神方面的高峰，或许永远没有人再能超越。精神方面的活动主要是通过人来传播的，一旦中断，或许再也无法恢复。精神活动的价值既不能用物质来计算，也难以用现实来判断，今天视为无用的东西或许正是前人经验的结晶和未来智慧的源泉。所以尽管在一段时间内不讲求精神生活，甚至完全停止精神活动，当时似乎没有什么明显的影响，用毛泽东的话说“地球照样在转”，但这样的中断肯定会导致某些精神活动的衰退或断绝，尤其是那些不绝如缕的孤门绝学。

二、衣食足就能知荣辱吗

十多年前曾经参加过一位高层领导召开的座谈会，在他花了两个多小时谈了如何将城市建成现代化的国际大都市后，我问他：“你没有谈到文化教育，如果没有现代化的文化教育，一个城市能成为现代化的国际大都市吗?”他的回答相当坦率：“给我几年时间，等我将经济理顺了，手里有了钱，一定会发展文化教育。”尽管我不完全赞成他的看法，因为不重视的原因并非完全是没有钱，但我还是欣赏他的基本立场——一旦有了钱就会发展文化教育。

不过这并不是一般性的规律，即政府手里有了钱就自然而然会去发展文化教育，或者说有了钱，精神生活就会丰富，质量必定会提高。精神生活当然要有一定的物质基础，不能指望人们会饿着肚子去欣赏古典音乐，也不能要求连续几个月领不到工资的山村教师讲究仪表风度。即使我们能找到这样的例子，但肯定不会有任何代表性。衣食足了才有重视荣辱的基本条件，自古以来都是如此，今后也不会例外。问题是此话能不能倒过来说：衣食足了就必定能知荣辱？前些年的确有不少人认为，只要中国的经济发展了，文化教育、科学技术、人口素质、社会风尚，都可以自然提高，现在一二十年过去了，这样的必然结果是否都出现了呢？回到前面那位领导的意见，一个国家或一个地方的政府有了钱，是否都会大力发展文化教育呢？显然未必。

反对我的意见的人会举出中国历史上的例子。一次次的改朝换代，无数人世沧桑，多少草莽英雄、贩夫走卒、平民百姓成了帝王卿相、达官贵人，以至文人雅士。开国之初或得势伊始，他们或许粗俗不堪，胸无点墨，以至士人落魄，斯文扫地，但稍假时日，或数代以后，这些人的后裔无不知书达礼，至少也会冒充斯文，皇帝同样会稽古右文，士人照样得到重用，两三千年来中国文化，包括其精神文明方面虽然经历了无数次破坏，但屡废屡兴，长盛不衰。依照他们的说法，目前的情况不过是兴衰间的一个过程，随着经济的发展和时间的推移，文化的提高和精神生活丰富是自然而然的事，就像中国历史上曾经一次次重复出现的那样，所以完全不必做杞人之忧。但是他们忽视了一个基本的历史事实：从春秋战国至清朝取代明朝，中国的基本价值观念和文化走向一直没有改变，所以任何王朝如果要确立它们的政治地位、巩固它们的统治，就不得不接受这一传统并且加以利用。甚至连入主中原的异族统治者，尽管已经是军事上的征服者，最终却只能成为文化上的被征服者。所以，尽管改朝换代、家族兴替，文化或精神的传承者可以变化，但文化或精神本身没有改变，谁想成为统治者、社会的上层或拥有文化或精神财富的人，就只能接受传统的文化或精神。由于传统精神武器从未丧失，因此即使是在大乱之后，精神文化不绝如缕，知识分子也会充满自信，为传统文化的复兴做不懈的努力。

而且由于不存在其他更强大、更有生命力的新文化的竞争，统治者、知识分子和整个社会也别无选择。汉朝的开国皇帝刘邦自己没有文化，最看不起儒生，以至当着众人的面拿儒生的帽子当尿壶，但投奔刘邦的前秦朝博士叔孙通千方百计使他认识到“马上得天下”不能靠“马上治天下”的道理，使他亲身体会到按照儒家礼制做皇帝的尊严，开始重视儒生的作用。经过叔孙通等儒生不懈的努力，儒家学说在汉朝达到了至高无上的地位。要是汉朝的皇帝找到了其他治理天下的精神武器，要是儒生们不坚持自己的学说和人格，为了顺从刘邦而将自己的帽子全部改成尿壶，结果又会怎样呢？前一个条件当然是重要前提，但后一个条件是同样重要的。如果没有叔孙通等知识分子的坚持，刘邦等统治者不会自动接受自己原来不熟悉、不喜欢、不感兴趣的传统文化或精神武器，即使他们已经有了足够权力，即使社会经济已经恢复和发展了，也完全可能将掌握着的人力物力用之于穷兵黩武、修建宫室陵墓、求神访仙。

还有的人会以美国为例。美国开发之初也是物欲横流，人们不惜一切手段寻求土地、黄金，剥削黑奴。不少产业巨头既无文化，也不讲究道德，起家的手段并不正当。但随着经济的发展，美国早已跻身文化发达国家之列，比之于西方文化传统悠久的国家来也毫不逊色。那些产业巨头也已繁衍出文化层次高的家族，俨然精神贵族。而兴办学校、图书馆、博物馆、医院和各种慈善事业所需款项，相当大一部分就出于富翁的捐赠。在他们看来，中国只要能像美国那样成为经济强国，也自然会成为文化富国，有了强大的物质基础，精神文明的发达就是必然结果。其实他们又忽略了两个主要的因素，一是西方传统的价值观念的作用，一是美国政治制度的作用。美国初期的人口虽然是以因种种缘由逃离欧洲的移民为主，但西方价值观念并没有因为他们迁离欧洲而削弱。实际上，从首批移民乘“五月花”号到达美国之际，到十三州宣布独立之初，西方的价值观念从未在美国中断过。在商品经济飞速发展的过程中，美国的基本价值观念也没有改变过。有人认为美国因商品经济发达而“一切向钱看”，不要传统文化，不讲究精神生活，完全是出于误解。还应该看到，英国、法国等欧洲国家，或者说美国人的母国，在相当长的一段时间里，一直是美国精神文明的源泉和榜样。虽然英国人乃至其他欧洲国家的人长期视美国人为暴发户，讥笑美国人是不文明的乡下人，但是客观上正是这些讥笑促使美国在精神文明上进步，对欧洲文化亦步亦趋。在这样的文化环境下，新兴的美国人也充分意识到自己在精神文明上的差距。那些暴发后的亿万富翁为了摆脱自己的卑微出身，改变致富过程中的罪恶形象，只有根据西方传统文化的要求重塑自己，教育后代。其他由温饱步入小康和富裕的美国人大多也经历了这样的过程。如果说价值观念或宗教信仰只能起到引导和规范作用的话，法律则扮演了强制的角色。有关遗产继承、捐赠文教和慈善事业、减免税等法律法规迫使美国的大小富翁将大笔资产用之于文化、教育、艺术、科学、公益和慈善事业，使全社会对精神文明的投入大幅度增加。

反观中国的情况，就不容乐观，因为我们正是缺少这两方面的条件。

从价值观念上说，经过二十世纪国内的剧烈变革，在中国延续了两千多年的以儒家学说为主体的价值观念已被冲击殆尽，近年来对传统文化的提倡又受到政治与商业利益的双重影响，不仅没有起到创新的作用，反而导致了不少糟粕的沉渣泛起。在这种情况下，已经有了足够的物质生活条件的人，即使他们非常愿意丰富精神生活，也会不知所从，甚至南辕北辙。

另一方面，中国远没有建立起与物质文明的进步相适应的法律和制度，并不足以引导或强制富人将财富投入文化事业和精神文明的建设。即使是拟议中的遗产税开征，具体的措施还是很不够的。相反，近年来党政官员中日益严重的腐败现象，以及由此而在社会生活各方面造成的恶劣影响，正将社会风气引向反面，并且为民间的富人树立了恶例。官商勾结等黑暗势力正在侵蚀着社会的各个方面。即使是通过合法途径积聚了财富的新富人，为了自己的发展，或者仅仅是为了自己的生命和财产安全，也不得不顺从或迎合这种黑暗势力。由于官员、富人的社会地位和炫耀作用，他们的行为自然而然地为相当大一部分人所仿效。

总之，衣食足只是提供了知荣辱的物质条件，是否能真的知荣辱，至少还要看上面这两方面的条件是否具备。

三、人文精神与以人为本

我认为，人文精神的精髓和本质就是以人为本，将人类的利益放在首位。人类有物质需要，也有精神需求，两者固然不能相互替代，也不能偏废，但对不同的人、不同的场合、不同的阶段，会有不同的侧重点。对衣食不继的人来说，解决生存问题自然是当务之急。但即使是挣扎在饥饿线或死亡线上的人，也不能无视他们的精神需求和人格尊严。

以人为本的另一个原则，就是推己及人。自己是人，别人也是人。对自己讲人文精神，对别人也要讲人文精神。关心人，但不强加于人。己所不欲，勿施于人。己所欲，未必就能施于人，还得看别人是否需要，是否愿意。

以人为本，看似十分简单明白，不过遇到实际问题时，一些人的想法和做法往往与这一原则相悖，包括一些自以为很有人文精神或很文明的人。

十多年前，在哈佛大学一栋宿舍楼的大厅中，一个娶了洋太太而自然成为洋人的青年在展出他的画。一幅素描上画着一大片低矮的草房和木板房，他特意在上面写着："这是我家乡的旧房，可惜现在已经被拆除，建成毫无特色的新房。"我问了他一句："你家乡人喜欢住旧房还是住新房？"他支支吾吾没有回答。画上的旧房显然并无多少特色，更不像是值得保存的文物，至少在画上没有专门说明，为什么他非得让自己的家乡父老一直住下去？此人如果十分爱好，完全可以不离开家乡，长住在那样的房子中发思古之幽情，或者好好体会一下其中的人文精神。人在美国，也可以掏些美元出来，请家乡人保留一些下来。但即便如此，他也没有资格阻止家乡人自愿迁居新房。至于新建筑毫无特色，也得看具体原因，刚解决温饱时顾不得那么多，也是情理中事。

类似的情况其实经常能遇到。住在独门小院或高层套房中的专家学者们大谈石库门房子和四合院的优点，如现在的石库门和四合院如何宝贵，住在里面如何有文化情趣，却根本不顾目前大多数石库门、四合院早已住上了“七十二家房客”，成了充分利用、无限分割的大杂院，哪里还有什么优点可言！专家学者们考虑过如何维护这些住户的基本人权，改善他们的居住条件吗？还有些居住在明清古屋中的居民，不仅要忍受房倾屋漏、冬冷夏热之苦，还得面对每天涌来的大批游客，甚至夏天午睡时也得面对门窗外指指点点的人群。在我亲眼看到这一幕时，听到的是主人愤怒的声音：“这房子怎么不早点塌了！”

我这样说并不是反对保护文物，包括保护有价值的旧建筑和成片的旧民居，更不是主张要一律拆除，而是认为研究这些问题时都不能离开对人的关怀，既要考虑他们自己和其他观赏者的兴趣，更应该顾及居民和当事人的权益。我曾经在江西乐安县的千年古村流坑村做过考察，发现那些积淀着深厚文化的古建筑在经历了千百年的风霜之后，已经无法满足村民的居住要求和精神生活。有的是古建筑的先天不足，如年久失修，摇摇欲坠，厅堂以外的建筑面积狭小，通风和采光条件很差，建筑密度过大，人口增加后没有扩展余地。有的则是变革后的生产方式和社会制度造成的，如流坑村当年的经济繁盛是依靠竹木贸易和水运，其文化的发达也离不开科举制度和当地人雄厚的财力，而今这些都已不复存在，名人用过的书房只能改作卧室，或者用来堆放柴草，甚至权充猪圈。留在村里的人至多只有中学文化程度，就是要打工的青年也只能远走他乡，守着老屋、翻着族谱的老人中几乎没有人真正了解本族本地的历史。如果我们真讲人文精神，难道能不首先关怀这里的人？反之，如果离开了生活在这个古村中的人，即使将这一批古建筑保住了——且不说需要多大的代价或者实际上是否可能——与古建筑同在的文化也无法保存了。

这些年来环境保护越来越受到重视，这无疑是人类的一种进步。从中国的现实看，环境保护才刚刚开始，还做得很不够。但与此同时，我们也必须面对这样的现实问题：环境保护的根本目的是什么？是为了环境本身，还是为了生活在环境中的人？在环境保护与人的利益发生冲突时，应该如何协调两方面的利益，平衡两者的关系？

如果将我们所处的环境分为两部分，即社会环境与生态环境，前者自然与人类活动密切相关，就是后者，只要有人类存在，也难以再保持纯粹的生态平衡，实际早已变成了人类生态系统。人类的利益和需求不可能与所在的生态系统完全一致，即使是关系到长远利益时，人类首先也要考虑自己的生存和繁衍。要是人类自己灭绝了，或者在这一生态系统中的人灭绝了，那么这一生态系统对于人类来说，就不会有什么意义。如果一种昆虫所吃的是人类所必需的粮食，人绝不会等到粮食被昆虫吃完了，再等昆虫的天敌来消灭它们。如果土地的肥力不足以保证粮食的生产，人可能会放火烧掉地面的植被，或者杀死一批小动物、砍下一些植物当肥料，在工业发达后也可能生产出化学肥料，不能为了保持生态平衡而听任土地保持贫瘠。在生存与破坏生态平衡不能两全时，人类只能选择生存，哪怕这样做会留下长期的祸患。在提高自己的生活水平与破坏生态环境产生矛盾时，人类可以有所选择和调整，向自然环境做暂时的妥协，但也不会放弃对生活水平的追求。

在人类生态系统中，人是主人，是本位。人不应该也不可能仅仅为了自然的完美与和谐才去保护环境，只能为了自身的生存和发展去追求自然的完美与和谐，而且判断自然是否完美与和谐的标准只能由人来决定。离开了人和人的利益，自然环境、生态系统对人类又有多大的意义呢？为了保护环境，维护生态平衡，可以在某一段时间内让某些人牺牲一些利益，但首先必须保证他们的生存。正如适度人口只能通过人类自觉的控制来达到，而不能用天灾人祸来屠杀一部分人的方法来实现一样。当一头濒危动物危及一个人的生命时，当然最好的办法是在不伤害它的情况下保护人的安全，但如果只能在二者间做出选择的话，就只能选择人，即使那是一头世界上独一无二的动物。同样，在一些人的最低生活水平还无法维持的条件下，即使他们的生产方式有害于环境保护，也只能暂时容许，除非其他人能够在不损害他们尊严的前提下提供足够的帮助，让他们先摆脱困境。一头鲸在发达国家的海滩上搁浅，人们千方百计将它推入海中加以解救，但当它搁浅在非洲海滩时却被饥饿的人们当食品吃了。我们固然应该赞扬解救鲸的人，但也没有理由指责吃掉它的饥民，如果他们确实找不到其他食品，又没有得到及时救助的话。如果有谁应该受到批评，那就是为什么世界上其他地方的人竟然没有给他们必要的救援，而与此同时一些人正为改善他们宠物的生活条件不遗余力？国际保护南极海豹的条约就将“必要时作为人与狗的食物”列为允许捕猎海豹的例外情况之一，如果在南极活动的人以及为他们拉雪橇的狗到了不得不以海豹肉维持生命时，平时的保护对象海豹也只能做出牺牲。这样的规定充分体现了国际社会对人的生命的珍惜和对“以人为本”原则的共识。我并不反对保护动物，将人类的爱心施及动物本身就是人文精神的体现——连动物都会受到人的保护，人对同类无疑更应该关怀有加。何况任何事都有次序，有轻重缓急。与人相比，动物毕竟是第二位的，动物的利益岂能与人类的利益相提并论？

四、人文精神与科学精神

说到底，人文精神只是一种理念。要使这种理念转化为物质力量，就离不开科学精神。

庄子“一尺之棰，日取其半，万世不竭”的说法经常被人们引用，以此说明中国古人早已有了物质可以被无限分割的认识。但我们不得不承认，庄子的说法只是一种哲学观念，或者说是一种逻辑推理的结果。“日取其半”，这“半”是永远存在的；如果说哪一天“竭”了，那这一半跑到哪里去了呢？但是从单纯的逻辑推理，也有人可以从另一个角度来反驳：“日取其半”是有限度的，因为到了一定的程度，人已经没有能力“日取其半”了，所以用不着等“万世”，这一过程就停止了。无论如何，这一说法并不说明两千多年前的庄子已经充分认识到了物质可以被无限分割的真理，更不能证明当时人已经揭示了物质结构的秘密，了解了分子、原子、中子、质子，或者掌握了纳米技术。只有科学发展到了一定的阶段，这一说法才得到了验证，它的科学意义才得到了阐发。

现在往往将“天人合一”解释为人类与自然的和谐相处，其实这是今人给这四个字赋予的新含义，并不符合这句话的原意。不过，中国古代的哲人的确不乏这方面的精辟见解，概括起来就是：都主张保持人类与自然的和谐，而不是对自然无限制的索取；认识到人类的局限，而不是将人类的意志强加于自然；注意自然界的休养生息，保持生态的自然平衡，才符合人类的根本利益；爱护人类，也爱护人类赖以生存的自然。但这些认识并没有成为人类的自觉行动，在相当长的一个历史阶段中，自然环境遭受的破坏越来越严重，而主要的破坏因素恰恰是人类的活动。原因何在？就是人类缺乏科学，不能掌握与自然相处的主动。在极其复杂的自然现象和自然规律面前，仅仅凭着一种善意、一种良知、一种观念，而不了解自然界的实际情况和基本规律，想和谐也和谐不了。

应该承认，即使是一个平庸的统治者，对关系国计民生的大事，也不会不认真办理。例如，资源的利用怎样才算适度？土地利用的方式怎样最有效？水旱灾害怎样才能减少？如果有正确的答案，他们不会不听，可惜长期以来，没有人能够做出正确的解答。乾隆四十六年(一七八一)，黄河在江苏、河南决口，第二年，朝廷派出的特使阿弥达再次出发探寻黄河的正源，因为当时的人认为，只有找到黄河真正的源头，在那里祭祀河神，才能使河神显灵，保证黄河的安流。乾隆皇帝和他的臣子可谓用心良苦，结果却无济于事。要是当时就能对黄河水患的形成做出科学分析，就不至于把希望寄托在河神身上。

即使对自然规律有所了解，也还得有一定的物质基础，才能使正确的认识产生实际作用。例如，早在西汉时人们就已注意到了黄河挟带的巨大泥沙量，也知道这些泥沙的危害。此后直到清朝，不断有学者指出，山区或河流上游的滥垦滥伐是导致中下游河道淤塞、水旱灾害频繁的根源。但在无法缓解人口压力，使大批无地少地的农民和嗷嗷待哺的灾民有饭可吃的情况下，谁又能制止他们疯狂地涌向山区，采用掠夺式开垦，以便养活他们自己呢？明朝初年，当局曾将地处今湖北西北，与陕西、河南交界的荆襄山区划为禁区，这固然是为了防止它成为潜在的反对势力的基地，但客观上也起了维护生态平衡、防止水土流失、涵养水源的作用。可是当不断涌入的流民、灾民达到数十万，当局的军事镇压和武力遣送已经无济于事时，就不得不同意他们就地入籍，并设置了新的行政区域。清代中期以降，类似的情况一次次在汉水上游、南方山区、云贵高原重演，但政府除了采取默许态度或最终给予承认以外，确实想不出更好的办法，因为谁也无法使如此多的流民和贫民有饭吃、有田种。而要解决这些实际问题，除了充分运用科学和技术手段之外，是别无选择的。所以仅仅从人文精神出发关怀人类，充其量只是给被关怀的对象一种精神享受或精神力量。要把这种精神转化为物质基础，只能依靠科学技术。

即使是科学技术的观念或想法，也只有变成现实之后，才能产生物质产品和社会影响。李约瑟主编的《中国科学技术史》从大量史料和实物中发掘出了中国古代在科学技术上的成就，但必须注意的是，书中举出的不少成就实际上只具有思想史上的意义，只说明当时人已经有了这样的观念。但这种观念一般都没有引起当时社会的注意，更没有变为生产力，制造出具体的产品，有的只是一种想法，甚至连提出这种想法的人自己也没有意识到它的意义和后果。比起没有这种想法或观念的人来说，这当然是一种领先或成就，但与已经产生了经济效益与社会影响相比，毕竟有本质的区别。从提出或假设一个科学原理，到进行证实并加以运用，还需要做长期的艰苦努力，有的到现在还没有成功。

还应该指出，前人的一些科学观念一般都不会是完整的，有的只包含了若干科学成分，有的只是一些基本的、普遍性的原理，不顾实际地一味夸大拔高，加以神秘化，就会产生迷信。而且其中科学、合理的成分发展到今天，早已为更加先进完整的体系所取代，除了要做科技史的研究之外，一般人根本没有必要再学习，更不必奉若神明。

像被一些人吹得神乎其神的风水，在地理学思想史上的确具有重要的地位，因为它反映了古人对地理环境的认识和选择，包含了科学的成分，如对环境的整体评价，对地表水、地下水、流沙、岩洞、地形、地势、方向、风向、降水量、植被、景观、心理等因素的了解和运用，一些建筑物或设施的选址在今天看来还是相当成功的。但用今天的科学技术，我们完全可以更准确更全面地考察这些因素，凡是风水中包含的科学内容已经都可以得到正确的解释和运用，为什么放着现成的科学技术不用，却要用模糊不清、真假参半的风水原理呢？难道使用罗盘比今天的全球定位系统和激光测距更精确？难道凭经验在地表进行的观察比各种科学仪表和设备对地质结构的调查更详细？其实，就是那些声称相信风水的建筑师，又有哪个不是受过正规的建筑学训练，有过建筑设计的实践经验？而风水师们所鼓吹的恰恰是那些玄而又玄、无法验证的教条，或者是他们随意编造出来的“灵验”故事，可是他们却从来不提：古往今来有多少人因为迷信风水，为了一块风水宝地而倾家荡产，导致争夺械斗？无数被风水先生选定的“阴宅”耗费了中国多少宝贵的土地和资源？

又如《周易》及阴阳说，也被一些人抬高到了无以复加的地位，似乎成了集科学的大成，成了中国以至世界一切科学的源泉。其实稍微懂一点中国历史就不难看出，在先秦时代人们绝对不可能掌握现代科学技术所涉及的各方面知识。一般来说，精神、理念、个人的能力未必会不断进步，不存在后人一定超过前人的规律，但知识、科学、技术、人类的整体能力总是不断积累和进步的。先秦的学者再伟大，也不可能超越时代的局限，达到现代的科学技术水平。现代科学家学习和运用《周易》或阴阳说所取得的成就，与《周易》或阴阳说本身的科学价值不能混为一谈。例如，尽管莱布尼茨发明二进制是从中国的阴阳说得到启发的故事已经不止一次被指出并非事实，但不少人还是津津乐道，以此来证明《周易》的伟大。姑且不论此事的真伪，就算真有其事，那么比莱布尼茨对《周易》不知熟悉多少倍，又不知有多少《周易》专家的中国为什么没有人发明二进制并进而研制出计算器呢？

有些人担心我们过于强调科学会导致“科学主义”，但是我认为，在今天的中国，对中国学者来说，主要的问题还是缺乏科学精神，科学讲得太少。就是为了确立人文精神，我们也应该确立科学精神。

原载侯样祥主编《我的人文观》，南京：江苏人民出版社，二〇〇一年，第一九二至二一〇页。

新版世界地图引发的争议

——《苹果里的五角星——〈系列世界地图〉诞生纪实》序

大概因为我曾经于二〇〇〇年十月参加过本书几位作者在肇庆组织的一次研讨会，并见过他们绘制的新版世界地图，所以他们要我为本书的出版写一篇序。我一直想推却，虽然我对中国地图史有一些兴趣，并且写过一本小册子，但对地图测绘这一专业却知之不多，对世界地图发展过程的了解也很有限。不过在仔细读完书稿后，我却改变了看法，觉得有必要将这本书推荐给更多的读者，因为它的意义已经超出了世界地图本身。

本书的主要部分是论述作者绘制新版世界地图的历史背景、科学原理、文化意义和具体过程，也用了相当大的篇幅反映在这过程中的激烈争论，并全文收录了有关报道和反对者的批评意见。反对者都是地图专家或主管部门负责人，既专业又权威，但他们的意见却并非都是从地图和测绘本身出发的，这就相当耐人寻味。

双方争论的第一点，是中国现行的世界地图将中国置于世界地图的中间，是否受到“利玛窦迎合中国官员自大心理而变动绘制”的影响？其实这是一个不成问题的问题，因为反方也承认“把自己的国家置于世界地图的中间，已成世界惯例”。既然如此，反方难道不知道，在利玛窦将世界地图引进明朝之前，中国还从来没有过世界地图，而利玛窦绘制的世界地图之所以能在明朝士大夫中顺利传播，一个重要的前提就是他将当时欧洲通行的画法做了调整，使中国正好出现在地图的中央。清朝康熙年间聘用西方传教士测绘制成的《皇舆全图》，也将通过首都北京的子午线定为零度经线。中国现行的世界地图并非凭空而来，最终采用以一百五十度经线为中央经线，固然有技术方面的考虑，但能说没有受到这一传统观念的影响吗？反方还提出：“照此逻辑，英法等欧洲国家以及日、澳等国都犯下了以自己为世界中心的自大心理的大错。”一方面，受中国中心影响与“以自己为世界中心的自大心理”还有程度上的区别，并没有那么严重；另一方面，英法等欧洲国家正是存在着“以自己为世界中心的自大心理”，非但如此，还利用它们一度曾经拥有的霸权地位做出过大量对它们有利的规定。就是以反方自己提到的一八八四年国际经度会议通过以英国伦敦格林尼治天文台的经线作为地球本初子午线即零度经线一事来说，英国和欧洲以外有几个国家参加？谁有发言权？这不正是大英帝国霸权的产物吗？今天我们当然不得不承认这一已经得到世界公认的原则，但回顾历史时，难道能否认这样的背景吗？至于将正方的说法称为“甚至是对广大制图工作者的污辱和对国家对外政策的歪曲”，就有在学术争议中挑起感情纠纷、引入政治斗争之嫌，有失学者风度，完全不符合改革开放的潮流。

双方争议的第二点，是新版世界地图与现行版的优劣，即以零度经线为中央经线与以一百五十度经线为中央经线的利弊。我以为，这也是一个不成问题的问题。显然正反双方都有这样的常识：由于地球本身是一个球体，所以将它反映在一个平面上，画成平面地图时，无论采用哪一种投影方法都只能相对准确，无论以哪一条经线作为中央经线都会顾此失彼。最好的办法是大家都用地球仪，随时都可以选择以不同的经线为中央经线；而且地球仪最好上下也能转，也可以将两极置于上下端以外的位置。但这是不现实的，也失去了绘制地图的本意。在我们局外人看来，双方都没有违背“以我为主”的原则，正方将中国由地图的中央移到地图的东方，也有几条有利于中国的理由，所不同的只是考虑问题的角度。所以，双方都应该平心静气、实事求是地争论，而不要一味夸大自己方案的优点，回避同时存在的缺点，而从现有材料看，双方都没有做到这一点。

一个国家自然应该有官方的、法定、用于政治目的的地图，但并不等于不允许存在非官方的、不违反国家法律的、用于非政治目的（如经济活动、学术研究、教学和训练、日常生活）的地图。国家有关法律和行政法规当然应该遵守，但不等于说对这些法律和法规不能提出异议，不能提出修改意见。法定地图应该显示一个国家的准确边界和行政区划界线，反映国家的外交政策和立场，而使用不同的经线作为中央经线显然不会造成什么影响，因为无论以哪一条经线为中央经线，都可以相对准确地反映官方立场。实际上，随着社会的现代化，公众对世界地图也提出了不同的需要，要了解或研究欧美之间、环大西洋地区的人希望有将大西洋画为一个整体的地图，往南极考察的人最好有一幅以南极为中心的世界地图，而通行的世界地图很难说明北京至纽约的最近航线为什么应该通过北极，这些功能都不是一种法定地图所能包括的。

应该指出，中国历来有重视地图的传统，但也给了地图过于沉重的、不现实的使命。在专制时代，地图是皇家的专利，不仅平民百姓无缘使用，就是官员、学者也不能随便拥有。康熙年间绘制成的当时世界上最精确、范围最广的实测《皇舆全图》，在中国只能藏于深宫密室，一百多年后在中国还没有几个人知道，而传到欧洲的一幅不久就得到出版流传，日本军方也据以编成军用地图，为侵华日军所用。地图固然可以代表国家主权，但离开了国家实力，主权是无法靠地图来维持的。地图史界经常引用北宋时沈括与辽国谈判时根据旧地图上的画法争回领土的例子，却不提当时宋朝在实力上的相对优势，否则辽国是绝对不会受到旧地图约束的。鸦片战争后中国丧失数百万平方千米的领土，绝不是因为地图画得不准确，而在中法战争后能部分收回被侵占的领土也不是地图的功劳。在一段时间内，对较大比例尺的地图实行保密或许不无需要，但到了卫星遥感地图普及，国外大比例尺地图已经成为普通商品的情况下再这样做，就有点自欺欺人，并且根本达不到保守国家机密的目的，只能给自己添麻烦。民用地图一律不许画等高线的规定，也不适应旅游、户外运动、探险、科学考察日益发展的需要。重新如实定位地图的功能，适时调整相关的法律法规，实属必要，也是中国地图事业适应时代要求的必然选择。

双方争论的第三点，是新版世界地图能不能算“发明”，该不该申请专利？这一点其实并不重要。所谓“发明”，根据《汉语大辞典》的解释，就是“看到或找到别人不知道的事物和规律”；或者是指“创造新的事物或方法”。所以，称发明者，也可指不大的事物，并不一定要重大甚至伟大。用零度经线做中央经线的世界地图在其他国家有，在中国也有过，但几十年后有人重新发现，又做了些修改，称为“发明”也未尝不可，只是不要太夸张。至于申请专利，其实只是一种保护知识产权的手段，并不是一种科学水平的评价。反方的担心完全是多余的：“如果零度中央经线取得了专利，那么置中国原有的零度经线地图于何地？如果外国零度中央经线世界地图设计者提出抗议，如果……岂不是一片混乱！”中国原有的零度中央经线地图申请过专利吗？如果没有，其他人为什么不能申请呢？外国零度中央经线世界地图的设计者编过中文版吗？到中国来申请过专利吗？如果没有，中国当然可以批准首先提出的申请，他凭什么提出抗议呢？反方虽然有良苦用心，似乎并不懂专利的基本常识，这样的辩驳看起来义正词严，却只会削弱自己的力量。

但正方也有缺点。或许是为了引人注目，或许是急于摆脱来自权威人士的压力，正方的主要观点都是通过大众新闻媒体发表的，如本书所引的主要论据都发表于广东肇庆一张地方报纸《西江日报》，还有一些也是报纸上的报道，因而免不了有一些言过其实或不够准确的地方。如果将这些论据写成一篇严肃的学术论文，发表在主要的专业学术刊物上，必定能更准确地阐述作者的观点和这项工作的意义。但我在书中没有发现，在引用的参考文献中也没有找到。

就书稿而言，全文引用正、反双方的言论虽然是实事求是的态度，但未免显得有些重复和冗长，并且浪费篇幅，减少了可读性。参考文献过多，少数文章与主题无关，或关系不大，完全可以精简，否则就有浮夸之嫌。致谢的名单也是如此，像我就只去开过一次会，通过几次电话，实在没有出过什么力，完全可以从名单中删去。

这段话似乎不该在序言中说，但郝晓光博士事先要我自由地写，包括对他们的批评。既然他有这样的雅量，我就不能拂他的好意。如果作者们有不同意见，就以此为契机开始新的争论吧！

原载《文汇读书周报》二〇〇四年二月六日，第九版。

科举制度：存废皆有理

一种制度能在一个国家长期存在，肯定有其适应性和合理性。同样，一种制度被废除，并且再未恢复，也可以肯定有其必然的原因。

从隋唐到清末，中国的科举制度存在了一千多年。此期间无论政权如何更迭，包括少数民族入主中原，开科取士的做法却一直没有改变。历史上，中国的人口从五六千万增加到四亿多，疆域范围由数百万平方公里扩展到超过千万平方公里，科举制度的具体方法不无改变，基本原则却一仍其旧。科举制度不仅在中原王朝长期延续，还影响到周边少数民族政权，推行到朝鲜、越南等藩属国。

任何制度的合理性都是相对的，科举也不例外，所以我们今天要评论其优劣，不能脱离中国历史的实际，更不能无视其产生和发展的背景。

在科举制度产生和实行之前，人才的选拔有两种主要的办法：一是世袭等级制，一是举荐制。前者规定某些职位是世袭的，只能由担任该职位者的男性后代继承。这类职位范围很广，既有天子、诸侯王、贵族等君主和统治者，也包括一些专业性强的官职，如太史，司马迁即继承了其父司马谈的太史职位。其他职位也只在特定的阶级或阶层中选拔，如魏晋开始实行的“九品中正制”和此后逐渐形成的高门世族垄断政治的局面，使大多数重要职位只能在出身特定家族的人中挑选。在公共教育几乎不存在的时代，为了一些专业知识，特别是口耳相传的知识和技能的传承，对诸如天文、档案、史料、礼仪、艺术等方面的职位实行世袭不失为一种有效措施，但同时也剥夺了其他更合适的人才的机会。政治上的垄断则对社会的正常运作与进步毫无积极作用可言，只是能维持某些特权家族与阶层的利益。

举荐制在一定程度上打破了世袭制的局限，但也存在着不可避免的弊病。且不说在专制集权制度下必然出现的腐败，如政治权力的干预甚至逼迫、钱财的贿赂、人情的影响等造成的营私舞弊，即使当事人完全出于公心，也还有两个无法克服的不利因素。第一是个人的接触和了解范围毕竟有限，但为了对自己的推荐负责，他只能在这个范围内提出。而有举荐权的人只是一部分官员、贵族、名流，能获得他们举荐的人自然少而又少。虽然偶尔也允许个人自荐，但草民百姓的自荐一般很难通过各级地方官的筛选，能够上达天听的更是凤毛麟角。第二是缺乏统一的标准，推荐者只能根据自己的感觉。而推荐者本人的水平、判断能力和选择标准相差很大，其结果也可想而知。

正因为如此，科举制显示出巨大的优越性。首先是打破了世袭制和等级制的垄断，除了少数受限制的家庭出身者外，无论贫富贵贱，都有参加考试的资格。其次是标准一致，各级考试都有统一的程序、形式和内容，即使主考官免不了个人好恶，也已受到很大制约。再则，随着科举制越来越受到重视，制度日趋严密。其中不少做法实际沿用至今，甚至比今天的规则严密得多。尽管科举制难免也有缺点，但在当时条件下，还能找到什么更好的办法呢？

科举制最受诟病的，一是遗漏了不少人才，二是考试内容毫无实际意义，三是耗费读书人太多的时间和精力。对这些需要具体分析，全面认识。说到遗漏人才，我们的确可以举出一些历史上的杰出人物往往在科举中落第。但科举的目的是为选拔官员，并非选拔社会的各类人才。有些人虽有其他方面的才能，却未必适合当官员，考不上科举倒是很正常的。如李白，无疑是旷世奇才、天才诗人。但从他对韩荆州的谄媚和受永王之召的轻率看，他肯定不适合当官。所以他考不上科举既不是坏事，也不能证明科举埋没人才，倒是成就了一代诗人。反之，由科举入仕的人中虽不乏庸庸碌碌之辈，但对中国历史起重大作用的人物大多也在其中。至于其中出现奸佞，与科举制没有什么关系，因为选择标准中本来就只凭考试成绩，对未来的奸佞是无法识别的。第二点也是任何考试所无法避免的，因为考试只是一种手段，目的在于对考生打分排序，所以必须有一套通用的程序，便于不同的考官之间有比较一致的标准，八股文正是这些需求的产物。科举制本来就是中国的文化和社会价值取向的产物，决定读书人对科举态度的是传统文化和价值取向，而不是科举制，不能本末倒置，以果为因。在科举实行之前，读书人在干什么？难道在从事科研、管理、文艺创作或生产劳动吗？

既然如此，为什么到了清末说废就废，再未恢复呢？

中国以往的教育以儒家学说和文史为主，科举取士也以此为标准，但到西方现代科学传入，这样的知识结构和选拔标准就无法适应。科举的目的是为了选拔官员，但新形势下需要的外交、法律、管理、警察、军事、科技、金融、财务、民政等很多方面的官员却无法通过科举来选拔，也不是临时开设的“经济特科”所能囊括。科举的基础是精英教育，而要进行国民教育就只能采用现代教育制度，设立各类各级学校，设置人文社会科学和自然科学的各种课程。科举只是为官方选拔行政官员，无法为社会选拔各类人才。当行政官员在全社会的人才中所占比例越来越低时，科举制的适应范围也越来越小。无可奈何花落去，科举最终退出历史舞台势所必然。

但科举制的普遍和积极意义早已在各国通行的文官制度中得到体现，考试更成为无法替代的选拔人才方式。考试应该并可以不断改进，却不可能废除。近年来对高考的批评不绝于耳，但谁能想出不需要考试、取代考试的更好办法？

原载《新京报》二〇〇五年九月九日，第C02版《科举百年祭》。

尊重历史，立足现实

如果从秦始皇统一六国、在全国普遍推行郡县制算起，中国全国性的行政区划已经实行了两千两百多年。在此漫长的年代间，不仅以中央集权制度为基础的行政区划制度长期保持稳定，而且一些具体的行政区域也往往持续几百上千年，有些县的存在甚至已超过两千两百年。在中国所有的制度中，行政区划制度是持续时间最长、相对最稳定的制度。正因为如此，我们今天对现行行政区划制度的认识和任何可能的改革，都必须建立在充分了解历史的基础之上。限于篇幅，这里就谈两个方面：

一是一级政区设置中的一些特殊因素。

行政区域的设立和划分，既是国家进行日常管理的需要，也关系到政权的巩固，因此必须兼顾内政和外交、自然和人文、经济和文化、传统和现实等各种因素。由于不同时代、不同形势、不同区域、不同统治集团的需要和利益不同，侧重点和出发点也有差异，但基本原则却是一致的。而一种行政区域或区域类型的设置如能长期延续，特别是在政权更迭后仍不改变，就足以证明这类设置的合理性，至少能证明是利大于弊。另一方面，由于时过境迁，客观条件发生了变化，原来的利也可能转变为弊，因此适当进行必要的调整，也是完全必要的。

在生产力落后的古代，自然地理条件对人类社会起着更大的、有时甚至是决定性的作用，对行政区划也是如此。因此古代对行政区域的设置，往往强调应按照自然地理条件，即“山川形便”。即使如此，自然条件也只是诸多因素之一，“山川形便”并非唯一或决定性的条件，必要时中央政府会有意识地打破自然条件的制约，造成“犬牙交错”的局面，以利于防止和破坏分裂割据。

这一点已经得到在长沙马王堆汉墓出土的古地图的证实。在其中的《驻军图》上，汉朝与南越国之间的界线，并非沿南岭山脉的分水岭划定，而是或南或北，不时越过山脉深入南侧。显然，这样的划界使中央政府能控制南越的战略要点，使南越无法利用天然屏障形成完整的防线。

这一原理在元朝得到进一步的运用，具体反映在秦岭南北政区的变化。自秦汉至宋金，秦岭历来是不同一级政区之间的天然界线。但从北宋末年开始到元朝，秦岭一直是南北政权争夺的焦点，也是南方政权对抗北方政权的有利因素。元朝统一南北后，首都设在北方，自然希望造成北方对南方的优势，因此将地处秦岭之南的汉中盆地划给本来在秦岭以北的陕西，打破以四川盆地为中心的封闭性地形。这样的划分当然不无弊病，特别是在经济和文化方面。直到今天，汉中盆地一带的经济文化与关中还有很大区别，而更接近于四川；由汉中至关中的交通比从汉中去四川更困难；但政治和军事上的优势是相当明显的。由于此后的明、清都建都于北方，这条界线延续至今。

一三六八年朱元璋建都于应天府(今江苏南京)后，曾划定一片范围很大的中央直辖区。他深知南京偏于南方，不利于控制北方和西北，曾先后将西安和开封列为迁都候选对象。在得知西安、开封完全不适合建都后，又决定在故乡(今安徽凤阳)兴建中都。这一宏大规划虽因不切实际及朱棣迁都北京而废置，却留下了一个相当于今江苏、安徽和上海市在内，跨长江和淮河两个流域的一级政区——南直隶(今江苏南京)。清初继承了这个政区，只是改名江南。但这个政区毕竟太大，长江以南部分又是天下财赋之地，在全国所占比例过高，因此决定由北而南一分为二，成为此后的江苏(含今上海市)和安徽两省。当年分省时当然不会不考虑自然条件，也可以将这一区域按南北划分，即将长江流域和淮河流域分别划为不同的政区。但苏南与苏北，皖南与淮南、淮北之间在经济和文化上的差距实在太大，如果按南北划分的话，就会出现一个全国最富的政区和一个相当穷的政区，所以结果还是由北而南划分为东、西两个政区。这样的分法并非没有矛盾，因此从清末至民国期间都有重划苏、皖省界或设立“淮海省”等各种建议。不过直到今天，除了上海市早已另设为直辖市以外，苏、皖两省的界线基本还是明朝的南京和清初的江南的旧界，而两省间的界线也与当初划界所定大致相同，说明这样的划分的合理性是主要的。

大政区的设立和划分往往体现中央集权的需要，甚至出于某种特殊的需要。例如二十世纪五十年代以降天津政区地位的变化，显然与毛泽东的意见有关，特别是他对以彭真为首的北京市委的看法和他对“两个司令部”形势的估计，起了决定性作用。所以天津始而由直辖市降至河北省会，又降至地级市，但在六十年代初却又升为直辖市。本来，在离北京如此近的地方没有必要再设立一个直辖市，因为当时全国除了北京市外只有一个上海市，即使要设第三个，完全可以选择东北、西北、西南、中南、南方中的任何一个，无论如何都不必在华北设第二个。从天津在经济、文化甚至军事上的重要性来说，也找不到明显的理由，唯一的原因是“政治”。联系到“文化大革命”前夕毛泽东对北京市委“针插不进、水泼不进的独立王国”的指责和“二月兵变”的谣言，尽管我们还没有找到确切的证据，但可以肯定这是毛泽东所采取的特殊措施。退一步说，如果没有毛泽东的首肯，主持中央政府日常事务的国务院总理周恩来是不可能做出这样决定的。时至今日，天津虽还维持着直辖市的地位，却一直处于相当尴尬的处境：作为中国仅有的四个直辖市（且不说重庆实际是一个特殊的省）之一，天津能发挥的地区性作用却相当有限，更不用说它的全国性影响。相反，北京东扩、“大北京”（即包括天津在内）和“京津唐城市带”的建议或规划不时见于报道。今后天津如不并入北京，或与北京有明确分工以便互补互利，就不可能摆脱“直辖市”名实不符的窘境。

另一个例子是内蒙古自治区的肢解和恢复。“文化大革命”期间，内蒙古自治区的东部和西部分别被划入黑龙江、吉林、辽宁和甘肃四省，当时公开的理由是内蒙古辖区太大，东西、南北相距太远，开“积代会”（活学活用毛泽东思想积极分子代表大会的简称）时最远的代表路上要花半个多月。但没有公开宣扬的理由却是为了防止“内人党”（“四人帮”制造的“内蒙古人民革命党”冤案，实际并不存在）搞民族分裂，防止他们与“苏修”勾结，巩固边疆。“文化大革命”结束后，内蒙古自治区的辖区完全恢复原状，主要出发点却是消除后者的影响。但前者也是客观存在的，所以完全不予考虑也是不合理的。例如，如果从经济文化的发展和交通运输的便利考虑，内蒙古与东北三省为邻的地区改由该省管辖，比由距离远得多的呼和浩特管辖更合理和有效。但两者显然无法兼顾，只能在权衡利弊和轻重缓急后做出选择。

总之，一级政区的形成、变化或稳定都有其多方面的原因。尽管其中一些因素因时过境迁，已不再起作用，甚至已起相反的作用，但是否已达到必须使一级政区实行相应的变化的程度，必须做深入细致的了解和评估。

二是确定政区层级的根据。

行政区划的另一个重要方面是政区设置的层级。秦始皇建立郡县制时，从中央到地方中间只有两级，即郡和县。开始全国号称“三十六郡”，以后经过增加和调整，有近五十个（一般说法有四十六至四十八个，但近年从湖南里耶秦简所见又有“洞庭郡”，可能还有个别未见于现存史料记载者）。到公元初的西汉末年，全国设有百余个郡级政区和一千五百多个县级政区，管辖面积三四百万平方公里。中央政府直接管辖百余个郡级政区，平均每个郡级单位管理一二十个最多三四十个县级单位。在当时的交通运输条件下，政令的上通下达、人员和物资的征调流通大致能够正常维持，所以两级制尚未发生根本的变化。

但早在西汉中期的武帝时代，随着疆域的扩展，中央政府对边疆地区的政区已有鞭长莫及之势。例如，在平定南越国后，最南的郡县已在今越南中部；东北最远的政区已在朝鲜半岛中部；西南的郡县达到今中缅、中老边境；河西诸郡的西端直抵玉门关（今甘肃敦煌西）。因此，朝廷在首都所在的特别监察区“司隶校尉部”以外又设置了十三个监察区——“州”。每州分别监察若干郡级政区，全国的郡级政区无一例外。宣帝时在今新疆和中亚设置西域都护府，由于距离过于遥远，范围又过于广阔，因此只派遣少量将士和行政人员，实行军事监护，在其内部实行高度自治，原来的治理方式，包括众多的“国”完全保留。

东汉期间，原来监察性质的州逐渐演变为郡以上的一级政区，郡县两级制变成了州郡县三级制。此后，虽有相当复杂的变化，但都不外乎虚实两种三级制。对此，先师谭其骧先生做过总结："秦和西汉初期疆域比较小，其时所采用的单纯二级政区制，自汉武帝扩展疆域以后，已不宜于继续采用。但多级制亦不利于政令民情的上下传达，所以两千年来最常用的是三级制。有时用实三级，有时用虚三级。这里所谓虚三级，是指第一级或第二级并不全面掌握地方权力，或一级权力分属于几个机构的三级制。粗略统计一下：汉武帝以后的两汉三百年是虚三级；魏晋南北朝四百年是实三级；隋至唐初期一百四五十年是二级制；开元以后先是虚三级，二十多年后即转为实三级；历二百余年至宋初始改为二级，但旋踵即转入虚三级；历三百年至元代始变为多级制。元明清六百多年显然都是多级制，大多数地区的实级一般都是省、府(路、州)、县三级。辛亥革命后七十多年北洋军阀、国民党、新中国三个阶段，分别采用了不同的虚三级制。"，"政区的这些演变规律，一方面正好说明了中国自秦汉以来长期在中央集权制统治之下，所以中央的使者能以监督的名义侵夺地方官的权力，终于使中央使者成为最高地方长官，原来的地方长官降而成为他的下级或僚属。但另一方面，因为由这种方式形成的一级政区辖境、权力过大，所以一到乱世，这种政区的首长很容易成为破坏统一的割据者，犹如东汉末年的州牧刺史，唐安史之乱后的节度使和民国的督军、省主席等。”①

中华人民共和国成立之初，一度设立大区，即省级政区之上再按地域设立华北、东北、华东、中南、西南、西北六个行政（军政）区，这样在中央之下就形成了大区—省—专区—县四级制。但不久大区撤销，又恢复到三级制。而且三级中的专区一级是虚的，即专员公署只是省政府的派出机构，其首长专员是省长的代表，都不是实际一级政府或行政首长。正因为如此，专区一级不能召开人代会，也不开政协，只有省人大和省政协派出的工作组或联络组。唯一的例外是少数民族自治地区，可能出现省、自治区下辖自治州，州下辖县（或自治县），是实三级。

民国初年废除了清朝的府一级，将实三级变为虚三级，并且延续了近七十年，并不是偶然的。因为由专制而共和，体现在行政区划的层级上应该是中央集权的削减和地方权力的增强，是各级行政区治理权的合理分配。同时随着火车、汽车、轮船、自行车、飞机、电报、电话、邮政等交通运输和通信手段的运用和普及，政令的上通下达、人员和物资的运送都达到了前所未有的便捷，因而一个政区的有效管辖范围可以扩大，中央政府的控制能力可能增强，省和县两级之间的府一级能够虚化。将中间一级政区虚化，也可以精简机构，减少行政人员，节约政府开支，并提高行政效率。

---

①谭其骧：《中国历代行政区概述》，载于《长水集续编》，北京：人民出版社，1994 年，第 44—46 页。

但是改革开放以来，随着“市管县”和“地改市”的推行，中国的虚三级实际已变成实三级，即省—市—县(市)。其中的市(地级)，不仅已设置与省级机构和县级机构相应的全套政府，实际管辖着所属的县或县级市，并且通过召开人代会设立了人大常委会。而现行《宪法》第三十条规定：全国分为省、自治区、直辖市；省、自治区分为自治州、县、自治县、市；县、自治县分为乡、民族乡、镇。直辖市和较大的市分为区、县。自治州分为县、自治县、市。也就是，一般情况下，只能有省—县、市两级，只有在“较大的市”才能下辖区、县。严格说来，《宪法》中这个“较大的市”是模糊的、不规范的。因为“较大”既不是定性，又不是一个级别，更没有确定具体的标准，以致原来的“地区”几乎都成了“较大的市”，不仅直接管辖县，近年已像直辖市一样，将下辖的县改区了。

究竟是修改宪法，使之符合实际状况；还是用宪法来规范行政区划？今天的交通运输和信息手段比上一个世纪又有了飞速进步，照理说，同一级或同一个政区的有效管辖范围和层级都可以大幅度扩大。中央和地方政府合理分权、精简行政机构、减少行政人员、提高行政效率，正是未来改革的目标。那么，中国的政区层级究竟应该是实三级，还是虚三级，甚至实二级呢？

原载《江汉论坛》二〇〇六年第一期，第七六至七九页。

评《1421：中国发现世界》

——兼论真实史料的重要性

在纪念郑和航海六百周年之际，英国加文·孟席斯《1421：中国发现世界》一书的中译本由京华出版社出版，媒体上的介绍和评论颇多，作者和此书再度成为新闻。

记得二〇〇二年此书在伦敦首发当天，我接受过一位记者的电话采访。当时我谈了两点看法：此书的结论能否成立，关键是看作者能拿出什么证据。即使作者的结论（如郑和船队首先到达美洲）成立，也不会改写哥伦布“发现”美洲的历史，因为历史学家所谓“发现”，并不是指一般的到达，而是指到达后引起的有影响的变化。所以仅仅证明郑和到过那里，是不足以推翻哥伦布“发现”论的。现在翻阅中译本后，我的看法没有改变。第二点看法不涉及这本书本身，本文着重谈第一点。

一

要评价这本书，首先评价者和读者都要端正自己的态度。

纪念要选择时间，如一百年整，但学术研究不应也不会受到时间的影响，五百九十九年与六百零一年没有什么不同。纪念要着眼当前，面向未来，要古为今用，有所取舍，做学术评价就只能尊重历史事实，讲究全面准确。纪念要考虑民族感情、政治导向和国家利益，复原历史真相时只能站在人类的共同立场，不偏不倚。因此，这本书中译本的出版可以作为纪念郑和航海六百周年的活动之一，但对此书的评价不能受到这一因素和其他现实因素的影响。如果因为要纪念郑和，或者要使纪念活动热闹顺利，就一定要肯定这本书，或者不能批评这本书，都不是正确的态度。

我很钦佩孟席斯丰富的想象力和执着的追求，如果用于写一部科幻小说或历史小说，或许能取得成功。但如果用严肃的历史著作的标准来看，我只能遗憾地说，作者是从错误的假设出发，采用了不可靠的或并不存在的证据，又通过非正常的推导过程，得出了离奇的结论。

简单地说，作者首先发现了一些绘制于十五世纪前期至十六世纪前期的海图或地图，而他肯定这些地图反映的地图知识是当时欧洲人尚未掌握的，一些地方是欧洲人没有到过的，因而他推断只有郑和的船队才具备到达这些地方并精确绘制在地图上的可能，然后用各方面的证据加以证实，最后得出郑和船队曾航行于全世界，包括非洲、美洲、南极洲和北极洲的结论。可见，支持作者的基础极其脆弱，因为只要其中一项被否定，或不能成立，结论就变得毫无意义。

据作者在《引言》中介绍①，他的研究来源于收藏在明尼苏达大学贝尔图书馆的早期地图和海图，特别是其中一幅据称是绘制于一四二四年，有一位威尼斯制图学家祖阿尼·匹兹加诺(Zuane Pizzigano)的签名。但对这样重要的证据，翻遍全书，找不到一张完整的照片，一九一页前的一页彩照显然只选取了一部分，而且模糊不清，对该图的质地、尺寸、内容和收藏过程毫无说明。作者称收藏者托马斯·菲利普斯爵士是一位富有的英国收藏家，出生于十八世纪晚期，“但他的那些藏品事实上一直不为人所知，直到半个世纪前才被再次发现”。那么是谁鉴定这幅地图绘制于一四二四年？谁能确定这个签名是真的呢？如果是出于某位测绘学权威，或是地图史学界的一致意见，就得说明依据和出处。如果是作者自己鉴定的，就更应该列出证据和理由，但全书都没有交代。对其他作为根据的那几幅地图或海图也同样如此。在这种情况下，谁能相信“这份地图的年代的来源和确实性是无可怀疑的”？要知道，如果这些地图的真实性和确定性稍有问题，全书就成了空中楼阁。

即使作者对这些地图制作年代的判断没有错误，他由此做出的推断也过于片面和武断。他认为图上标识了一些当时欧洲人没到过的地方，“根据我们已经接受的历史知识，欧洲人在七十年后才去那儿探险”，所以只有郑和船队的航行和发

①[英]加文·孟席斯(GavinMenzies)：《1421：中国发现世界》，师研群译，北京：京华出版社，2005年。以下引文及证据出于本书者不再一一注明。

现才能填补这一空白。依此类推，他将反映在那些地图上的全部地理知识，包括非洲、大洋洲、南极洲、美洲等都归功于郑和船队。

首先，他的前提就相当危险，既然目前对郑和航海还有不少未解之谜，那么对欧洲人的探险和地理发现也未必都已了解，肯定欧洲人不可能自己掌握这些地理知识的理由并不充分。

其次，欧洲人难道只能从郑和船队获得地理知识吗？十五世纪初期或此前的地理发现或航海知识难道只有中国一个来源吗？实际上，在相当长一段时间里，阿拉伯人的航海技术和实践领先于中国，至少不在中国之下。特别是在印度洋和由阿拉伯半岛至中国的航线，基本是由阿拉伯人垄断的。唐朝随高仙芝西征而于怛罗斯（今哈萨克斯坦江布尔）之战中被俘的杜环，于宝应初（七六二）搭乘商船由大食（今阿拉伯半岛）回到广州①，说明在西亚与中国间已有稳定的航线。唐朝的广州已出现阿拉伯人聚居的“蕃坊”，宋朝的泉州已成为阿拉伯移民集中、富有阿拉伯文化特色的城市，阿拉伯裔移民蒲寿庚（一说占城人）拥有大量海船，在泉州担任南宋的提举市舶（约相当于海关关长兼港务局长）达三十年。元朝与蒙古四大汗国的并存，使中国与阿拉伯的联系更加频繁，也通过阿拉伯人获得了大量地理知识和航海经验。元人汪大渊所著

①见杜环：《经行记》，《通典·边防》引，北京：中华书局，1992 年，第 5279—5280 页。

《岛夷志略》涉及的国家和地区多达二百二十余个，远远超过此前宋朝的《岭外代答》和《诸蕃志》等书，而汪大渊就有搭乘海船两下东西洋的经历。

就是郑和的远航，也明显得益于阿拉伯人的航海经验。郑和本身是“回回”后裔，其先世系元朝时由境外迁入。他的祖父和父亲都到过伊斯兰教的圣地麦加，他从小就有机会了解阿拉伯地区的知识。目前所知郑和船队在印度洋的航线和到达之处，都没有超过阿拉伯人的范围，如果不利用阿拉伯人的航海经验倒是不可思议的。近来引人注目的肯尼亚拉木岛，正处于从阿拉伯半岛进入东非海岸的中转站，至今还聚居着阿拉伯人，他们的迁入远在郑和之前。二〇〇三年五月我曾在岛上考察，亲身感受了浓厚的阿拉伯文化。郑和船队到过的木骨都束（今摩加迪沙）和幔巴撒（今蒙巴萨）都在此前阿拉伯人已经开辟的航线之内。

日本地图史家海野一隆早已指出：“正如蒙古人统治亚欧时刺激了东西文化的交流一样，伊斯兰的地图学也对周围地区产生过不小的影响，当然包括对东方的影响。”“至于世界地图传入中国，从《混一疆理历代国都之图》和《大明混一图》等的出现可见一斑。两图均继承了元朝李泽民《声教广被图》（约一三三〇年，已佚）的谱系。此外，从《元经世大典地理图》的内容来看，当时画有经纬线的地域图无疑已经传入中国。元朝接受伊斯兰地图学影响的主要是属于统治阶层的蒙古人、色目人，还不能从根本上动摇以‘大地平坦说’为前提的中国传统的地图学。元朝朱思本的《舆地图》仍无视欧洲和非洲的存在，就说明了这一点。”[①]可见，元朝时中国的地图上之所以能出现非洲，中国人的地理知识之所以能超过以往，正是得益于阿拉伯地理知识和地图的传入。而朱思本地图和中国传统地图的局限，也是没有及时学习和吸取这类新知识所致。

海野一隆还指出：“因为郑和本人即为伊斯兰教徒，因而明初的《郑和航海图》里，也是以伊斯兰式的‘指’来表示纬度值的。十五世纪初，在北京曾出现过阿里·伊斯塔库里《诸国道里记》(波斯语)的抄本，内含色彩鲜艳的地图。一六一六年刊《陕西四镇图说》一书中则收载有中亚、西亚的地图(《西域图略》)，无疑是伊斯兰地图的翻译和摘要。”[②]所以，不仅郑和本人及其率领的船队，就是到十七世纪初的晚明时代，中国人关于中亚、西亚和阿拉伯的地理知识基本还是来自阿拉伯人。

《大明混一图》和明朝初年的地图上出现非洲，当然是反映了阿拉伯人的地理知识。如果这上面描绘了好望角，也只能是阿拉伯人航海的成就，一定要归功于郑和实在是因果倒置。我不明白，自称对航海史和地图测绘史做过充分了解的孟席斯为什么竟无视阿拉伯人的航海和地图测绘成就，丝毫

---

①[日]海野一隆：《地图的文化史》，王妙发译，香港：中华书局(香港)有限公司，2002年，第48页。

②[日]海野一隆：《地图的文化史》，王妙发译，香港：中华书局(香港)有限公司，2002年，第48页。

不考虑其成就和影响？如果说这是出于某种不便言明的原因的话，下面的推论就使人百思不得其解：连作者本人也承认《大明混一图》绘制于一四〇二年，比郑和首航早了三年，怎么可能用来证明郑和的航程包括好望角和非洲在内呢？要说这一发现来自郑和，连最简单的逻辑都不讲，岂非荒谬？

当然，作者也列举了大量事例。但稍加分析和追究，却都无法成立，或者毫无根据。这类例子，几乎是该书的全部，只能姑且举数例：

浏河天妃宫中的《通番事迹碑》原碑虽堙，但明人钱谷所编《吴都文粹续集》录有原文，其中有“抵于西域忽鲁谟斯等三十余国”。而福建长乐天妃行宫中的《天妃灵应之记碑》原碑还在，上面刻着“抵于西域忽鲁谟斯国、阿丹国、木骨都束国，大小凡三十余国”①。但作者硬要说“三十”是“三千”之误。如果当时真要刻上“千”字，即使事后发现误刻为“十”，也不难将“十”字改“千”字。反之，如果已经将“十”误刻为“千”，倒不容易改正。即使改了，也会留下痕迹。现在两处的碑文都作“十”字，就可说明此字绝无错误。

作者一度认为佛得角一块碑上的铭文是“中世纪的中国文字”，但据西安碑林的专家鉴定并非汉字，后印度专家认为“看起来像”十五世纪前通用于卡拉拉邦马拉雅拉语。这最多只能证明印度人到过那里，但作者却将这作为郑和船队到达

①纪念伟大航海家郑和下西洋五百八十周年筹备委员会、中国航海史研究会编：《郑和史迹文物选》，北京：人民交通出版社，1985 年，第 54 页。

的证据，理由是船队的翻译来自卡拉拉邦，所以使用了自己的文字。但这条理由完全是作者自己的推测，没有任何证据。

作者断定郑和从美洲将玉米带回中国，“中国的记载说，郑和将军带回一些‘有着特别大穗的谷物’”。但根据注释，这句话出于 J. J. L. Duvendak 于一九四九年出版的 *China's Discovery of Africa*（《中国在非洲的发现》）。从书名看就有些文不对题，而无论如何，这不是“中国的记载”的原始出处。实际上，有关玉米传入中国的论著相当多，作者完全可以引用更权威可信的说法。可惜这些论著中并没有郑和将玉米带回中国的证据，所以只能找那种毫无史料价值的第二手甚至第三手材料。

作者认为罗得岛上的石塔也是郑和船队造的，“就我个人的看法，塔的窗户设计和安放位置接近于宋代的灯塔。这些灯塔是用来导航进入华南福建省刺桐（泉州）港口的中国和阿拉伯的贸易船队”。但从附图上我们可以看到，石塔明显带有阿拉伯风格，却看不出中国宋代的影子。作者承认，如果能对该塔黏合石块的“泥浆”做一次分析，就能断定是否用了中国的糯米，据说被当局拒绝。既然如此，怎么能将石塔列为证据呢？

最后还必须指出，作者认为“只有中国舰队能在欧洲人之前发现新世界”，理由之一是“中国要求郑和去完成这项工作”，这是作者没有从整体上了解中国的历史和郑和航海的目的所致。以往认为郑和的主要使命是寻找失踪的建文帝，多数学者已予否定，而认为是为了宣扬国威，扩大邦交，也有贸易方面的需求。这两方面的使命都限于已知的范围和现实的可能，无论如何，明朝统治者与郑和个人都不会超越当时中国的天下观，去探求什么新世界，因为明朝既不乏土地，也不缺财富，更不想打破“天圆地方”的平面地理观念。

当然，作为一种想象或探索，此书或许能给研究者提供一些线索。此书的标新立异也会引起读者的兴趣和好奇心，一时畅销也在情理之中。

或许有人会说，孟席斯的书充分肯定了郑和航海的伟大贡献，有利于激发中国人的民族自豪感，有利于爱国主义教育。但无论他们与作者出于多么良好的愿望，离开了历史事实，这一切都只是虚幻的泡影，只能是对民族自豪感和爱国主义的嘲弄。

二

本来，对受过历史学基本训练的人来说，要评价和鉴别这本书并不困难，所以在英国和其他国家，历史学界和学术界几乎都持反对意见，多数人毫无兴趣，认为它不值得评价。但我发现，在中国，充分肯定、高度评价这本书的人中也不乏学过历史的人，这就不能不使我惊奇和遗憾。当然，其中必定有人是出于学术以外的原因，这不在本文讨论的范围之内。如果从学术角度看，我想还是一个老问题，即如何对待史料。

近年来，不时可以见到一些“新发现”“新观点”，有的相当耸人听闻，却能不胫而走，甚至洛阳纸贵，特别是其中某些出于外国人，而又被某些人认为对中国有利的新说，更是身价百倍。因为一些国人一直相信“华夷之辨”，现在既然连洋人都认为是这样，那就确定无疑了。其实稍仔细看一下就不难发现，这类新说或者是对已有史料的误读曲解，或者根本没有史料根据。

有些人很注意学术规范，但不能仅仅看形式。从形式上看，这类论著往往做得很规范，像孟席斯的书就有很多注释，引经据典，给人史料非常丰富的感觉。还有的书引用的材料中有各种外语，着实镇住了多数读者，因为谁也不能掌握那么多种语言，一时也找不到那么多语种的著作。但是，真正的或者最重要的学术规范，还得看形式后面的实质，而最基本的一条还是史料是否过硬，证据是否充足。如上海人民出版社于二〇〇二年初出版的《光明之城》曾经被有些人当作重大发现，但从史料的角度看，这本书却毫无价值。

根据李学勤先生为此书写的导读，此书属来历不明，除了那位编译者之外，没有任何证据。“编译者戴维·塞尔本是有许多作品的学者，生于伦敦，从小学习希腊文、拉丁文，在牛津大学攻读法学，成绩优异。他曾在美国芝加哥大学和印度新德里‘发展中社会研究中心’工作，并于牛津的拉斯金学院任教达二十年，现居于意大利中部的古城乌尔比诺。”我们对塞尔本先生的学者身份和语言、法学、社会学方面的学识当然不应怀疑，但他对书中涉及的中国历史、哲学、社会、文化究竟有多少了解？对书中出现的黄帝、皋陶、汉武帝、司马迁、王莽、汉明帝、老子、孔子、曾子、孟子、杨朱、韩非、杜甫、李白、王安石、朱熹、陈亮等，加上他自己承认还有许多辨识不出的原名，他到底译对了多少？在没有办法做任何核对，没有任何其他人参与的情况下，我们凭什么相信他？如果现在发表的文本根本就是译者的误读或误译，我们却将它当成信史，去纠正或推翻现有的历史，岂非铸成大错？

更大的问题是，世界上只有译者塞尔本先生一个人可以证明原书的存在，《光明之城》的写本至今还只存在于他的描述之中。“据说，他是在一九九〇年，从一个造访他在乌尔比诺的家的客人那里，初次获知这一写本的存在的。那年十二月，他在马尔凯大区某地的藏家手里，见到了这部写本。此后，塞尔本用了几个月的时间，说服藏家，允许他在藏家本人监督下检视和试读。直到一九九一年九月，经过长时间讨论与公布写本有关的种种问题之后，塞尔本终能在藏家房子里仔细研译这部写本。塞尔本对藏家的姓名和地址讳莫如深。他说，这是出于藏家和他的约定，因此写本的来源和所有权都不清楚，书中没有写本的照片，也没有完整成段的原文。……写本如何流传下来，不能完全知道。……至于《光明之城》写本为什么长期秘藏，是没有人知道的问题，塞尔本以为是由于写本的宗教内涵。”

当然我们不应该怀疑塞尔本先生的道德，不能随便怀疑他作假，但是我们不得不质疑这一神秘而漫长的过程。从“作者”雅各布一二九〇年“写”下这些东西，到塞尔本见到它们，中间长达七百年，谁能保证没有篡改或作伪？写本如何、何时到了藏家之手？藏家是什么身份？谁能保证写本到藏家之前不被篡改，或者不是假货？谁能保证藏家本人不是作伪者？现存的写本究竟是不是七百年前的原物？如果不是，这个写本产生于何时？这些都是无法回答的问题，我们只能相信塞尔本一个人。即使我们完全相信塞尔本的人格，也无法轻易相信他的学术判断力。君子可欺之以方，要是他被藏家或什么人蒙骗了呢？哪怕有第二个人能够看一下写本原件，能够多少证明一下塞尔本的说法都好，可惜连这也没有。冒如此大的风险来承认这本书的史料价值，值得吗？应该吗？

而且，即使根据塞尔本的说法，藏家的隐秘也是没有理由的。如果说是出于宗教的原因，如今早已消除。如果真有不便公开的原因，为什么经不起塞尔本的劝诱？如果是有道义上的原因，现在岂非已经违背？如果这本写本是用不光彩的手段获得的，现在也已经为世人所知。如果是为了钱，只要直截了当提出来就可以了。再说，来源不能说，全文不能公布，代表性的照片或一段原文总能公布吧！世界拍卖的不少宝物都没有公布藏家的姓名和来源，但从来没有不让别人看到原物的，更不用说应该先公布照片或详细的说明。如果全世界的学者都一致抵制这本书，或许还能迫使塞尔本或藏家披露真相，可惜大家太天真了，先让塞尔本获得了充分的效益，这方面的压力已经有限。

要是此事发生在中国，一位并非历史专业的学者出版了一本从未见于著录的七百年前的史书稿本，他对书的来源和收藏者秘而不宣，也不发表任何原文和照片，历史学界会接受吗？我们会承认这本书的史料价值吗？我可以肯定，不会。历史学研究的一条最基本的原则，就是史料必须可靠，尽可能有第一手的来源。难道洋学者就可以不遵守学术规范？记得在国内出现“新发现的《孙子兵法》”一类伪作时，学术界的态度都相当明确，我希望对来自外国的“新发现”也应该用同样的标准、同样的态度。要是这本书的内容是否定马可·波罗的记载，是描述泉州如何荒凉黑暗，说泉州人如何保守落后，中国学者是否还会有那么大的热情？其实，我们的态度应该是同样的，而且对这样一类渲染“光明”的书更要特别谨慎。这些年，我们常看到一个什么发现将中国历史或发明提前多少年的报道，事后却往往不知所终。但却从来没有见过某一发现将中国的历史或发明推迟了多少年，如果真有这样的事，其实也是历史研究的重要成绩。这种现象反映了我们对中国历史一种不健康的心态，我希望这种心态不要影响到对《光明之城》的评价。

或许有人担心，这样做会不会冤枉了塞尔本先生？我以为不会，因为我们只是不相信、不采用这本书，只是迫使他拿出证据来，这完全是正常的学术规范的要求。或许有人认为，这本书里有不少新鲜的内容，不用太可惜。但出处不可靠的史料，越是新鲜问题越大。再说，如果是仅见于这本书的内容，充其量只能是个孤证，还是需要有其他史料印证，暂时不采用不会造成什么影响。中国历史研究能做的工作很多，何必急于从这样一本来历不明的书中找史料呢？

这些意见，我在二〇〇二年就发表过，现在三年多过去了，塞尔本一直没有拿出新的证据来，也没有进一步公布这篇文稿的来源，近来似乎不再有人谈《光明之城》了。不过这些并不重要，我还是这样的看法：什么时候证实了这篇文稿的真实性，它才具有史料价值，才能用之于历史研究。

现代人的创造力加上某些人出于种种目的的伪造，不时会有一些耸人听闻、难以置信的新闻和旧闻公布，这是完全可以预料的。但作为历史学者，必须守住一条底线——一切证据必须来自可靠的史料。

如果是出于学术以外的目的，那就不在本文讨论的范围了。

原载郑州大学历史学院编《高敏先生八十华诞纪念文集》，北京：线装书局，二〇〇六年六月，第二三至二六页。

迁徙的姓氏：追寻移民的脚步

中国人，特别是汉族，历来都十分重视自己的姓氏，没有非常特殊的原因是不会改变的。但考察今天中国的姓氏分布，就可以发现，人口少的姓往往具有很强的地域性，只存在于某些地区，甚至只有一个地方才有。但人口多的姓却遍布各地，人口最多的几个姓甚至深入少数民族聚居区和海外。

不过姓氏刚形成时，一姓一氏只限于具有共同血缘关系的宗族之间，分布范围不可能很广。不同的宗族采用同一姓氏的可能性虽然也存在，但毕竟有限。所以每个氏或姓都有自己的起源地，该姓氏的人口扩展到其他地方主要是迁移的结果。

另一方面，汉族及其祖先华夏诸族有慎终追远的传统，只要有可能，都会记载本家族的起源和迁移过程。现在的家（族）谱中几乎都有本族的世系表（图），追溯到本族的“始祖”和“始迁祖”。相比之下，由于年代久远、史料缺乏，加上附会的成分，“始祖”和从他开始的世系往往模糊不清，而从“始迁祖”开始的世系和迁移路线、年代却大多确切可考。可见一姓一氏人口的范围无不与迁移有关，今天的姓氏分布是历代人口迁移的结果。

人口迁移的方式很多，对不同姓氏的影响也不同，下面举最重要的几种。

一、分封产生的迁移

华夏诸族发祥于中原，大致即今天的河南、山西南部、陕西东部、山东西部、河北西南、安徽西北等黄河中下游地区，华夏特有的姓氏也集中在这一区域之内。夏、商、周三代实行分封制，国君将本族子弟和贵族、大臣分封到各地，以后大多在当地定居，他们的姓氏也随着分布到各地。例如，周王姬姓，被分封到各地的周王宗室就将姬姓带到各地。又如周朝的开国功臣姜尚被封于齐(今山东中部)，姜姓也从今陕西扩大到山东。不少姓的起源都是某国，原来都是地名，分封为国后成为国名，以后又被封君及其后裔采用为姓。

西汉初曾大封同姓王和异姓王，异姓王存在时间很短，而且除个别外都不得善终，所以没有留下什么在封地繁衍的后代。同姓王却长期存在，有的王绵延数代，子孙众多，他们的封地就成为刘姓的聚居地。如彭城(今江苏徐州)是楚王等王的封地，以后成为刘姓的郡望(主要发祥地)，重要性超过了刘邦的故乡沛县(今江苏沛县)和皇族聚居的国都长安(今陕西西安)。到西汉末年，刘氏宗室人口超过十万，除了长安一带外，大多居住在祖先的封国封邑附近。如后来成为东汉开国皇帝的刘秀，就因祖上被封的侯国在南阳(今河南南阳)而成为南阳人。东汉时也是如此，如刘备是中山王后裔，虽然家境已没落，但还是住在离中山不远的涿郡(今河北涿州)。

明太祖朱元璋将自己的二十几个儿子都封为王，分居各地。明朝对宗室在政治上严格控制，不让他们离开封地，不得从事任何职业，连科举也不能考，但另一方面又给予优厚待遇，只要长大成人，都能获得爵位和俸禄。有一位亲王竟创造了一项有一百个儿子继承爵位的纪录，在诸王的封地都留下了大量朱姓人口。如明末画家八大山人(朱耷)就住在南昌，是宁王的后代。

二、强制性迁移

为了巩固自己的政权，加强首都或特定地区的经济实力，或者为了打击敌国，削弱或消灭反抗势力，历来统治者都曾实施强制性的迁移，用行政或军事手段，将某些地方的人口迁入指定地区，也包括将被贬斥的官员、俘虏、罪犯流放安置到边远地区。这类措施相传在上古三代就已实行，夏朝最后一位国君桀就被推翻他的商朝放逐到巢。

秦始皇在灭六国的前后，不断将各国的国君、贵族、大臣和有影响的家族迁入秦国旧地和边远地区。赵国的卓氏就是以“迁虏”的身份迁至蜀郡临邛(今四川邛崃)，以后成为富甲一方的巨商，自作主张嫁给司马相如的卓文君就是卓氏后裔。汉高祖继续实行“强干弱枝”的政策，将六国旧族和地方豪强迁至首都所在的关中，齐国的田氏，楚国的昭、景、屈氏等都是迁移对象。田氏从今山东迁入关中后，不仅一度垄断了商业，还繁衍出大批后裔。由于田氏人口实在太多，只能按“第一、第二、第三”分房排列，有的后裔干脆将编号当作姓了，史书上留下了“第五仲”“第五伦”这样的人物。

首都的建立和迁移也必然伴随着大批宗室、高官、富户从各地迁至首都，或从旧都迁至新都一带。例如，北魏曾将河西走廊和北方各地的重要人物及其家族迁至平城(今山西大同)，北方、西北以及境外的不少非汉族人口也在平城周围定居。到孝文帝南迁，就将他们全部迁至洛阳。到东、西魏分裂，一部分人又随西魏迁至长安，一些来自中亚或蒙古高原的家族以后发展成关中大姓。西魏攻占梁朝的首都江陵(今湖北江陵)、北周灭北齐时，都曾将对方的要人迁入关中。隋灭陈后，陈朝宗室都被北迁。由于陈氏子孙众多，以后又得到隋朝的优待，派往各地当官，形成陈姓人口遍布的局面。明朝初年，朱元璋曾将各地富户、工匠迁入南京，到他的子孙迁都北京后，其中大部分又被迁至北京。

这类迁移中包括平民百姓及贫民、流民，如明朝建都北京后，为加强首都地区的实力，恢复华北的经济，曾多次从山西移民华北，其中一个重要的集合和出发地点就是山西洪洞县。由于这类移民大多没有政治、经济和社会地位，也缺乏文化，加上官方史料没有具体记载，等到他们子孙繁衍、宗族发达，要通过修家谱寻根时，已经无法找到确切的来源，只能“从众”，将一些有踪迹可追的地点当作共同的根，“洪洞大槐树”逐渐成了多数北方人的出处。现存的很多家谱都写着本族迁自“山西洪洞大槐树”。

少数民族入主中原后，往往会将本民族人口迁至各地，以巩固自己的统治地位。如前秦的苻坚曾将苻氏和氐族子弟迁往各地，元朝也将蒙古人派驻各省。清朝入关后，就将满族八旗部署在全国，各省城一般都建有专供满族军民居住的满城。辛亥革命后，多数满人改用汉姓，但稍加分析就不难发现这些散处各地的满族姓氏，如“关”改自瓜尔佳氏，“叶”改自叶赫氏。

有一类迁移往往使后裔不愿记录，如明、清时都曾将一些罪犯流放到云南、贵州和西北边疆，其中有些人也留下了人口众多的家族。但对祖先这样的出身和来源，家谱中往往不愿记载，或者不愿记载迁移的真正原因。而受贬斥的官员中不乏忠臣名人，往往成为一些家族附会的对象。如海南岛一些李姓家族自称为唐朝被流放到海南岛的宰相李德裕的后代，而史书上却找不到这样的证据。

三、因战乱引起的迁移

中国历史上的几次大规模南迁，都是中原地区战乱的产物。从秦汉开始，黄河中下游一直是政治、经济和文化的中心。唐以后虽然经济重心逐渐南移，但除了分裂时期外，政治中心基本还在北方。正因为如此，皇室、贵族、高官、名流、富商及世家大族也都聚居于北方。但无论是异族入侵、权力斗争，还是民众暴动，往往以夺取首都为目标，所以大规模的、持续多年的战乱大多发生于北方。在这种形势下，北方民众就会迁往各地避难，其中最主要的迁移方向还是生存和开发条件最好的南方。

早在公元初的两汉相交之际，就有不少人为躲避战乱而南迁，最远的是从海路迁到交趾(今越南)。东汉末年至三国初前期，上百万人从中原迁至江淮之间、长江以南、汉中盆地和四川盆地。但相比之下，以后的三次南迁规模更大、持续时间更长，以至北方的大姓几乎都有人迁移，并且在南方定居。

第一次是永嘉之乱后的南迁，发生在西晋末永嘉年间，从公元四世纪初一直延续了一百多年，南朝期间余波不绝。由于晋朝在建康(今江苏南京)重建，北方的上层人物和世家大族大多有人南迁，所以史书中可考的南迁姓氏就相当多：

今甘肃境内有安定席氏、皇甫氏，泥阳傅氏，略阳垣氏，武威阴氏。

今宁夏境内有北地傅氏。

今陕西境内有北地傅氏，扶风马氏、鲁氏，京兆韦氏、魏氏，天水赵氏、杨氏，陇西辛氏。

今河北境内有范阳张氏、祖氏、卢氏，高阳许氏，广平刘氏，清河张氏，魏郡申氏，中山魏氏、甄氏。

今山西境内有河东裴氏、王氏、卫氏、薛氏、柳氏，太原王氏、温氏、孙氏，平昌孟氏，平原刘氏，泰山羊氏，平阳贾氏，雁门周氏。

今山东境内有北海王氏，兰陵蒯氏、丘氏、萧氏，北兰陵桓氏、周氏，东海徐氏、何氏、王氏、虞氏，东莱刘氏，东平范氏，东莞徐氏、刘氏、孙氏、臧氏，高平刘氏、张氏、檀氏、徐氏、郗氏，青州申氏、桓氏，琅邪王氏、孙氏、颜氏、诸葛氏，乐安任氏，鲁国孔氏，任城魏氏，平原明氏，濮阳吴氏。

今河南境内有陈郡谢氏、殷氏，陈留阮氏、尉氏、蔡氏、江氏，河南褚氏、康氏、庞氏、宗氏，河内向氏、郭氏、山氏、司马氏，弘农杨氏、王氏，扶乐袁氏，济阳江氏，洛阳胡氏、王氏，南阳刘氏、宗氏、乐氏、范氏，沛国刘氏、王氏、朱氏、桓氏，彭城刘氏，汝南周氏、应氏，荥阳郑氏、毛氏，颍川钟氏、荀氏、庾氏，新野庾氏，义阳朱氏。

今安徽境内有谯国夏侯氏、桓氏，庐江韩氏、何氏。

今江苏境内有临淮陈氏、任氏，下邳赵氏。

这些大姓大多定居在长江流域和江淮之间，其中今江苏南部、浙江北部和东部、安徽南部最为集中。在南朝期间，尤其是侯景之乱后，有些人才继续南迁至今江西、福建、广东等地。

由于从魏晋以来特别重视门阀，家族背景是一个人最重要的政治资本，朝廷最重要的官职完全被琅邪王氏、陈郡谢氏等几个高门世族所垄断，这些家族中的白痴也能当官，即使不当官也高贵无比，所以谱牒之学备受重视，各姓都有详细的家(族)谱，官方也要查阅谱牒来确定一个人的出身。这也导致伪造冒充和后世家谱中的附会假托，如福建现存的家谱中声称是永嘉之乱后迁入的，大多并不可信。

这期间还有些特殊的迁移，如十六国中北燕的后裔冯氏，从北方由海路南迁，在今广东定居，成为当地大族。到南朝末，冯盎娶俚(黎)族首领冼氏女为妻。这位冼夫人为维护国家统一和地方安宁做出了杰出贡献。唐玄宗宠信的宦官高力士也是冯氏的后代。

第二次是公元七五五年安史之乱后的南迁。安禄山在幽州(今北京)发动叛乱后，先后占据唐朝的东都洛阳和首都长安，“四海南奔似永嘉”，北方又出现南迁大潮。安史之乱平息后，北方藩镇割据，战乱不断，持续到唐末五代，所以多数南迁人口就在南方定居。但由于政治中心仍在北方，此后一二百年间也有相对或短暂的安定，不少高官大族还是选择返回北方。这次南迁的范围比上一次更广，江西成为主要的迁入地，移民大量迁入福建、湖南，有的已迁入两广和海南岛。至此，北方的汉族姓氏几乎已遍布南方各地。

第三次是北宋末靖康之乱后的南迁。由于金兵由北向南全面推进，以后宋金边界又固定在淮河一线，加上到北宋末年人口已达一亿，南方平原地区的人口已相当饱和，南迁人口较前两次更加深入丘陵和偏远地带，更多人口迁入四川、福建、两广。临安(今浙江杭州)是首都所在，加上江南经济发达，生活优裕，吸引大批北方移民定居。来自开封等地的上层移民聚居于杭州城内，在当地形成一种以北方口音为主、带儿化的新方言。赵氏宗室除集中于杭州外，还聚居在福州等地。孔子的嫡系后裔从山东曲阜迁至今浙江衢州，繁衍至今，被称为“南孔”。

四、生存性的迁移

这类迁移自古以来就在进行，“筚路蓝缕，以启山林”的成语就形象地描述了先民为了生存而迁入荒山丛林中开垦定居的艰辛。随着人口的增加和生存压力的加剧，就是不发生战乱，大批农民也在不断地从中原迁往周边，由平原迁往山区。但在战乱以后，某些地区出现了人口真空，或者出现了大量无主荒地，或者原来封禁的地区对民众开放，就会出现大规模的移民潮。这类移民往往有集中的迁出地和迁入地，因此不啻一次姓氏大迁移。如明清期间，江西是一个主要的移民输出地，其中相当大一部分迁入湖广（今湖北、湖南）。到清初，四川受战乱影响，人口稀少，清政府采取鼓励迁入的政策，大批移民从湖广等地涌入四川，形成“江西填湖广，湖广填四川”的移民潮流。今天四川和重庆的大部分人是当初移民的后代，他们的姓氏大多可以追溯到湖北、湖南，或进一步追溯到江西。近代东北人大多是“闯关东”的产物，是一八六〇年清政府开放东北封禁地后由山东等地迁入的。内蒙古的汉人主要也是实行“放垦”后由山西等地“走西口”迁入的。他们的姓氏当然也与迁出地相同。

和“洪洞大槐树”一样，这类移民也有共同的源头，如“麻城孝感乡”（迁往四川）、“南雄珠玑巷”（迁往广州一带）、“江西瓦屑坝”（迁往安徽安庆一带）、“苏州阊门外”（迁往苏北）、“南京杨柳巷”（迁往云南）等。虽然这类地点并不一定是移民真正的祖籍，更大程度上是一种“从众”的文化认同，但家谱上的记载必须与此一致，因此不能不进行合理的编造。

五、少数民族的内迁和姓氏的“汉化”

由于中原长期处于经济文化发达的地位，对周边人口有巨大的吸引力，少数民族的内迁一直在进行。东汉以后，大批非汉族人口从北方、西北边疆和中亚各地迁入内地，有的民族基本都已移居中原，有的还成为统治民族。由于华夏（汉族）文化始终处于优势，居于统治地位的少数民族为了有效地掌握政权，会自觉与不自觉地接受汉族文化，包括主动采用汉姓。而被统治的少数民族为了生存的需要，也不得不改用汉姓。他们有的就以故乡的谐音为姓，如来自中亚费尔干纳盆地一带的“昭武九姓”，就根据汉译康国、安国、米国、曹国、白国等改姓康、安、米、曹、白等。有的则攀附汉族某一大姓，如匈奴的一支自称是曾与刘邦“结为兄弟”的冒顿单于之后，因而改姓刘。更多的则是将原来多音节的姓简化为单音节的姓，或双音节的复姓。

这类改变一般是逐渐进行的，但在统治者大力倡导甚至强制推行的情况下，就会集中进行。如北魏孝文帝在迁都洛阳的同时，下令鲜卑族全部改汉姓，本族拓跋改为元姓；其他少数民族也纷纷改姓，如拓跋的一支改姓长孙，达奚改为奚，丘穆陵改为穆，步陆孤改为陆，勿忸于改为于，普陋茹改为茹，贺葛改为葛，阿伏于改为阿，纥豆陵改为窦，侯莫陈改为陈，独孤浑改为杜，等等。但到了后来，其中多数家族有意无意隐去了真正的族源，反而认同于同样的汉姓了。

在南方，随着大批汉人的南迁，当地民族在政治、经济、文化方面都处于劣势，连数量上的优势也逐渐丧失。留在原地或迁入汉族聚居区的少数民族家族改用汉姓。为了改变自己的非汉族身份，在家谱中编造一段根本不存在的迁移史，证明本家族是来自中原的汉族。如清代学者、贵州独山莫与俦、莫友芝父子一直被认为迁自江宁（今江苏南京），实际是本土的布依族。已故的著名纳西族历史学家、云南大学方国瑜教授，在新中国成立前一直自称是“桐城方氏”。

也有一些非汉家族采用了汉族中没有或罕用的姓，如蒙古族姓萨，傣族姓刀，有的将本民族的姓直接译为多音节的姓。迁入湖南桃源的一支维吾尔人姓翦，史学家翦伯赞属此家族。随着他们迁居各地，这些姓氏也有了更广泛的分布。如萨氏是海军世家，其中不少人定居在福建。

六、移居海外

东亚长期受中国文化影响，朝鲜、越南曾经是中原王朝的郡县，近代以前一直是中国的藩属国，中文曾经是它们唯一的文字或官方语言。这些国家的一部分人口本来就是中原移民的后裔，还保留着原来的姓氏。如朝鲜和韩国的郑、柳、车、赵、王、李等，像郑氏都以河南荥阳为郡望，与中国的郑氏并无不同。但大部分汉姓人口都是土著，他们之所以采用汉姓，就像中国南方的土著一样，只是一种文化认同。韩国有大量朱姓、孔姓人口自称是朱熹、孔子的后裔，朱姓人口还相当多。实际上其中多数是出于“仰慕华风”，并非真有血统关系。日本的汉姓也有类似情况。

从明代中叶起迁往东南亚各地和近代迁居世界各地的华人，一般都保留着原来的姓氏。即使在加入当地国籍，改用当地语言的姓名后，一般还采用本姓，或者另有一个中文姓名。改革开放以来国门大开，一方面有大批新移民迁往世界各国，另一方面有不少海外华人寻根访祖，恢复与故乡或本家族的联系。今天，大概没有一个国家找不到中国的姓氏了。

原载《中国国家地理》二〇〇七年第二期，第六六至七九页。

从历史地理看长时段环境变迁

历史地理对长时段环境变迁的研究有其独特的优势，可以弥补古地理与现代地理之间的空缺。如对还不存在科学观测记录的历史时期，现代地理往往束手无策，以观测记录或数据为信息来源的其他研究手段也难以进行，而历史地理却能以文献记载为主要依据，得出一些尽管粗略却具有说服力的结论。下面就从历史地理的角度，对西北地区的环境变迁和“全球变暖”谈一些看法。

近年来，环境变迁的研究越来越受到重视。西北地区的环境变迁更受重视，一方面固然是由于国家将西部开发列为发展重点，另一方面也是因为，已知的历史记载显示，在以往数千年间，当地的环境变迁相对剧烈，影响较大。在“全球变暖”趋势几成定论的前提下，人们往往以西北环境变迁的例子求证以往，规划未来。毫无疑问，如果对过去的环境变迁做出片面的或错误的结论，必然会影响今天的政策和对未来的规划。

比较常见的说法是认为西北地区本来森林茂密，植被完好，气候适宜，只是由于人类长期的滥垦乱伐，战乱破坏，才造成水土流失，森林消失，植被稀少，所以只要人类做出努力就能恢复西北的自然环境，“重建秀美山川”。另一种观点则认为，在以往数千年间，西北地区的自然环境并没有太大的变化，黄土高原和黄土覆盖的区域不可能存在茂密的森林，人类活动的确造成了局部地区的生态失衡，但沙漠、戈壁、干旱区早已存在，因此即使人类做出最大努力，也不可能使西北变成“塞上江南”。

值得注意的是，这两种不同结论的产生都离不开历史地理研究，甚至是以同样的史料为依据的。为什么会出现这种情况呢？我认为，除了受到现实因素的影响外，问题出在没有能够充分地扬历史地理研究之长，避历史地理研究之短。

历史地理可以研究长时段的环境变迁，这是中国历史地理的一项“专利”，因为中国可以找到以往两三千年，甚至更久远的史料。而世界上大多数国家，包括历史地理学很发达的西方国家都不具备这一基本条件，所以一般只能依靠最近二三百年至多数百年的史料，进行历史人文地理方面的研究，而难以进行历史自然地理方面的研究。因为二三百年的时间对自然地理的变迁来说，实在太短，往往不足以产生显著的变化。但是我们也要看到，史料毕竟不同于现代的观测记录或数据，存在先天不足——覆盖面不广，不具有连续性，精度不够，主观意识太强。在经济、文化发达地区，由于现存的史料相对较多、较密集，还有可能通过比较分析加以鉴别，而在史料本来就不多的西北地区，有些阶段或区域能收集和应用的史料实在太少，甚至只有寥寥数十字。更麻烦的是，这些史料的主观意识极强，精度却相当差。由本地人形成的记录大多缺乏横向比较，眼界有限，客观上起了误导作用。如十六国时期夏主赫连勃勃曾赞扬统万城一带自然环境为“天下”最佳，但赫连氏到过的“天下”不出今陕西关中至内蒙古南部的范围，他的判断毫无普遍意义可言。何况他肯定当地的环境的目的是为了营建新都，更多着眼于军事和政治形势。但外来者的记载也有明显局限，在他们的眼中，西北地区是夷狄、边疆、异域、荒野、战场、他乡，除了个别人有亲身经历外，一般并没有深入实地，大多得之于传闻，人云亦云，或者照抄旧说。对涉及儒家经典的内容，如对黄河的发源地和上游河道，只能墨守“导河积石”的概念，用“重源伏流”进行曲解。

正因为如此，对所有的史料都必须用已知的科学原理加以检验，方能肯定其学科价值，即用于历史地理研究的作用。当然，已知的科学原理不一定完全正确，科学原理本身也是在发展的，与之不符的史料并不一定就错了，但在不足以推翻现有原理的情况下，这类史料只能存疑，而不能贸然采用。其次，对采用的史料一定要进行定性和定量分析，即确定其时间、地点和程度。不能将特殊性当成普遍性，把偶然当作必然。对无法定量或定性的材料只能量力而行，不能望文生义、妄自推测、张冠李戴、勉强凑合。对受史料条件所限，无法填补的空白和无法解释的矛盾，最妥善的办法就是实事求是，把空白和矛盾留待今后或他人。

综合迄今为止的历史地理研究，在以下几个方面，对西北地区的环境变迁应该做更全面的思考：

不应夸大西北地区古代环境的优越性。如果将“西北地区”的范围确定为今新疆、甘肃、青海、宁夏、陕西秦岭以北和内蒙古西部的话，那么在以往两三千年间其总体环境并没有太大的变化，今天视为不利因素的沙漠、戈壁、盐碱地、干旱区、植被稀少的黄土高原早已存在。例如现存最早的地理和历史记载，如《禹贡》《史记》《汉书》等都已有相关的记载。在张骞通西域的公元前一世纪之前，今新疆的居民就已形成“城郭诸国”和“行国”两种生产和生活方式，即一部分人以绿洲的农业生产为基础过着定居生活，另一部分人则以游牧为主过着迁移生活。公元初的绿洲格局基本延续到今天，河西走廊上的水系和绿洲体系大体没有改变。西北地区特别见于记载的森林、谷地、河流、绿洲大多一直存在到近代，但自古代起就有一定的范围，不能随意扩大，或以此代表全局。顺便指出，据新疆的地理学者告诉我，半个多世纪以来新疆的地表年径流量没有明显的变化。

应该承认，局部地区的地貌、景观的确发生过比较显著或剧烈的变化，但这些变化大多并非不可逆的，有的具有一定的周期性。在西北发生的自然灾害也是如此。并不存在环境越来越差或自然灾害越来越严重的规律。例如，在一定的阶段沙漠会扩大，但在另外的阶段绿洲也会扩大，沙进人退与沙退人进的现象往往并存。沙尘暴、流沙、连续干旱、暴雪、酷暑、严寒、大风、蝗灾等灾害始终存在，但并不一定越来越严重。在人类活动的影响减少后，局部地区的环境能自动修复。如东汉以后黄河中游地区人口锐减，由农而牧、而荒，从而使植被得到一定程度的恢复，减少了流入黄河的泥沙，使黄河出现了近八百年的安流。

对人类活动的作用应做全面、客观的评价，不能认为环境的恶化都是人类破坏的结果。但另一方面，人口的增加和人口分布的改变与局部地区的环境变化存在密切的甚至是直接的因果关系。在环境脆弱，或发生不可逆变化的情况下，人为因素会起决定性的作用。正如前面已经提及的，在西北大多数地方原始环境本来就是相当脆弱的，能够提供的生存和发展条件是有限度的。但由于长期以来人口稀少，人口分布变化不大，产业结构稳定，人类活动对土地、草场、森林、水、燃料等资源的需求没有超出可供应、可再生或可循环使用的范围，所以直到近代，人类活动并未构成对西北地区环境的威胁，当地的环境也没有随着人口的增加而逐渐恶化。但在人口的数量和对资源的需求、对环境的影响突破了平衡临界点后，环境的恶化就同步发生，甚至加速发展，本来可逆的变化也演变为不可逆。

如河西走廊的人口数量，从西汉后期大规模迁入中原农业移民开始，到本世纪初，一直在数十万至一百多万之间波动。西汉后期，居延海一带成为屯垦区，但所产粮食的规模不超过一百万人口的需求。尽管对资源的利用存在浪费，生产方式相当粗放，却没有造成环境的恶化，地形、地貌和地理景观变化不大。但在当地人口达到数百万，农业生产的规模达到供应千万人口食粮，工业、服务业和生活用水量大幅度增加时，来自祁连山的水源自然无法满足需求。在上中游河道的水已被全部截留利用的情况下，下游河道和内陆湖沼的干涸就不可避免。地表水越来越少，地下水位越来越低，而开垦、耕种、放牧的面积却越来越大，水的用量越来越多，风沙的侵袭和沙漠的扩大势所必然。同样，作为罗布泊主要水源的塔里木河被层层拦截，河水被消耗殆尽，流到下游河道的水量还不如蒸发量，罗布泊岂能不干？塔里木河流域的居民自古以来都以胡杨树为建筑材料和燃料，这在楼兰古城和其他古代遗址中可以得到证明。尽管胡杨树生长缓慢，但只要生存环境得到维持，人类的砍伐量又低于新增的积蓄量，正常的更替还能维持。随着人口激增（主要是外来移民）引发的大规模砍伐，加上下游河道干涸造成的区域性干旱，胡杨树的减少以至绝迹也随之出现。近年来政府投入巨资，将塔里木河水重新引入罗布泊，如果能保持下去，那么罗布泊的恢复指日可待。

所以，西北地区改善环境的目标应该是尽可能恢复原状，该沙漠的还是沙漠，戈壁就是戈壁，有些地方是胡杨林，有些地方只能是沙棘或骆驼刺，宜农则农，宜牧则牧，宜荒则荒，这就是西北的“秀美山川”。本来是“浩浩乎平沙无垠”“大漠孤烟直，长河落日圆”的地方，难道一定要变成“风吹草低见牛羊”或水稻丰产的“塞外江南”才行吗？

从历史地理研究获得的成果看，在目前和可以预见的未来，调节人口的数量和布局，改变生产和生活的方式，维持水资源的平衡是最有效的手段，也是切实可行的。而挖肉补疮式的引水工程，不计成本和后果的抗沙方案，不仅劳民伤财，而且只会加剧对环境的破坏。既然可以利用的水资源已接近极限，应该考虑的是如何减少水的用量。节水和调节农业、工业、服务业的规模和方式，改变人口分布的结构，都能使同样数量的人口和同样的生产规模用水量减少，而不影响生活和生产水平的维持和提高。如人口的居住集约化和城市化，推广节水型作物，缩小农业规模，都是行之有效的手段。如果人口的规模无法控制在合理的范围内，就得考虑有序地外迁，或者由区域外调入必要的资源。谁也不希望绿洲变成沙漠，或者出现第二个“罗布泊”，但如果真的不可避免，就没有必要耗费巨大的人力物力，坚持“人定胜天”“沙退人进”。

时至今日，“全球变暖”似乎已成定论，这不仅是联合国组织的各国数千位科学家宣布的结论，也已获得大多数国家政府的肯定。但从历史地理研究的结果看，全球继续变暖的趋势是很值得怀疑的，至少目前的结论无法自圆其说。

全世界还没有一个气象观测站能积累二百年的连续资料，能有一百七十年左右的才五十个点，其中四十五个集中在西欧。而此前或西欧以外的地区，并没有比中国古代留下的文献记载中更精确的数据。比如中国，最早的气象观测站是上海天文台，它对气象的观测开始于一八七二年，即使观测数据完整并全部保存，也不过一百三十五年。可以这样说，全世界范围内关于二百年前发生过的气候变化，并没有比中国的记录更详细、更精确的资料，也没有更高明的结论。短期的现代观测资料，对十几年至数十年的变化周期或许能起归纳、总结或预测的作用。但对百余年或二百年以上的周期，连完整地描述都有困难，凭什么预测呢？以往一个世纪间全球的气温普遍升高固然是事实，但仅仅根据温室气体排放量的增加就断言未来的气温肯定会持续升高，而不会出现其他可能，未免太大胆了！

在二十世纪后期，中国已故的气象学家竺可桢对中国七千年来的气候变迁发表过重要的论著。他的主要论据就是中国历史上的文献资料，包括用现代气象学、地理学、物候学原理复原以往的气候数据所需要的大量间接的史料。在竺可桢的研究基础上，中国当代的气象学家、地理学家、历史地理学家又进行了大量研究，取得了举世瞩目的成就。在以往的四五千年间，中国的气候发生过多次波动，出现过几次由暖到寒、由寒到暖的变化，这已经成为大家的共识。在商代后期(约公元前十三世纪前后)黄河流域的年平均气温比现在高得多，已为多重证据所证实。中国历史上的温暖期或寒冷期的年平均气温都超过近代气象观测资料所记录的上限或下限，也就是说，从中国气候变迁史的角度看，最近一百多年间的变化都在“正常”范围之内。现在一些新闻报道往往称某地出现了“有史以来”的最高温或最低温，这是无知和不负责任的，至少应该将“有史以来”改为“有气象观测记录以来”。但在观测记录时间较长的地方，例如上海，真要打破这个纪录并不容易。前几年夏季的持续高温似乎证实了全球变暖，但实际上，总体上还没有打破二十世纪三十年代的纪录，更不用说真正的历史纪录。

如果全球变暖真的是由温室气体的排放引起的，那么，且不说在地球上还没有人类或人类活动几乎不造成任何影响时已经出现过无数次冷暖的变化，就是在中国商朝，是什么造成了比今天还高的年平均气温呢？那时根本没有工业，商朝的人口不会超过一千万，难道那时排出的温室气体比人口增加了一百三十倍又拥有巨大的工业化规模的现在的中国还多吗？

即使将人口数量作为一个考虑的因素，中国以往的气候变化与人口数量的变化也不是同步的。公元初汉朝的人口有六千多万，九世纪前期的唐朝约八千万，十二世纪初的宋朝达到一亿，十七世纪初的明朝接近两亿，十九世纪中叶清朝人口突破四亿，二十世纪五十年代超过六亿。如果人类本身、他们从事的农业生产活动和他们饲养的牲畜都会产生温室气体，并且是造成气温升高的主要因素的话，那么中国的年平均气温至少应该是逐渐升高的，何至于出现多次波动？又为何与人口数量的变化没有相应的比例关系？

由于原始资料的局限，历史地理的研究成果也还无法圆满地解释气候和环境长时段变迁的原因和规律，但足以质疑现在视为定论的“全球变暖”预测和温室气体是全球变暖的罪魁祸首的结论。

原载《陕西师大学报》第三十六卷第五期，二〇〇七年九月，第五至八页。

中国历史地理研究与学术国际化

改革开放以来，学术的国际化越来越受到国内学术界的重视，中国的学术研究正大步进入国际学术领域，部分学科已经初步实现国际化，与国际学术界融为一体。但并非所有的学科或所有领域的研究都必须国际化，或者可能国际化。国际化也不是每一个学科或每一研究领域的第一要务，更不是包治百病的灵丹妙药。实现国际化的途径和要求也不尽相同，例如有的学科是以走出去为主，而另一些学科则应吸引别人走进来，别人没有兴趣，或仅有兴趣却没有能力，因而一时门庭冷落，是很正常的。

就中国历史地理而言，其国际化的途径和要求与其他学科并无二致，但有其特殊性。这主要表现在，中国丰富而延续的历史文献使中国成为世界上为数不多的可以进行长时段历史地理研究的国家之一，在不少方面中国是唯一的。

一、中国丰富的、延续的、多样的历史文献，使中国成为世界上唯一能够进行长时段、大范围的历史人文地理研究的国家，其研究成果为了解世界早期历史地理提供了可靠的根据或比较对象，因而使这些史料具有世界性意义

历史地理学的研究对象是各历史时期的地理现象，所以大多数学者将历史地理学归属于地理学，少数学者认为它属于历史学，或者是介于地理学和历史学之间的边缘学科。但对历史地理学的主要研究手段是建立在历史文献基础上的历史学研究方法，而不是以实地考察为主的地理学研究方法，一般是没有异议的。尽管历史地理研究离不开地理学的基础原理，同样需要采用地理学的基本研究手段，并借助于相关学科的研究成果，但绝对离不开文献资料。正因为如此，尽管现代历史地理学首先产生在西欧和北美的发达国家，尽管它的基本原理和研究手段适应于各大洲的各个国家，但只有具有丰富的、延续的、系统的历史文献才有可能进行真正意义上的历史地理学研究。也正因为如此，英国、加拿大和欧美其他国家的历史地理研究集中在历史人文地理，并且主要是十七世纪以后的课题。由于历史自然地理现象的变化尺度往往以数百年或千年计，在缺乏长达千年的、延续的历史数据的前提下是无法进行的。

中国的历史地理研究却具有举世无双的优势，有条件进

行长时段的、持续的、大范围空间和全方位的研究。这是因为：

中国有悠久和延续的历史。迄今为止有文字记载的历史可以追溯到夏、商、周，并且已为考古发掘所证实，通过考古学和其他相关学科的研究还可能将历史提前到夏朝以前。尽管目前得到证实的中国历史还不如埃及、巴比伦的长，但从夏朝开始，中国的历史一直没有中断，作为历史主人的主体民族就是从以夏人为中心的华夏诸族发展下来的，不像其他文明古国的历史早已断绝，当年的主人或者早已迁离，或者已经灭绝。

中国历来有辽阔的疆域，从秦始皇统一六国开始，历代中原王朝的疆域一般都有数百万至上千万平方千米。尽管疆域时有盈缩，内部也有过多次分裂割据，但一般都能在北起今阴山山脉、燕山山脉、辽河下游，南至海南岛和南海，西起陇东高原、川西高原、横断山脉，东至于海的范围内实施有效直接的行政管理，从十八世纪中叶起又扩大到今中国全境。这就为历史地理学进行大范围的、可比较的、前后连贯的研究提供了一个大舞台。中国历史上的朝代数以十计，政权数以百计，行政区数以千计，使用过的地名数以万计，涉及的人物、事件、制度更难以计数，为历史地理学者留下巨大的研究资源，也留下了不少千古之谜。

历史上中国的范围内拥有多种自然地理环境，跨越北半球的寒、温、热三带，拥有东亚大陆的三级地形阶梯，有复杂多样的地形和地貌，包括世界最高的山脉、最低的盆地之一、最长的河流之一、最大最厚的黄土高原和黄土冲积平原，以及其他多种世界罕见的地理现象，形成了很多景观迥异的地理区域。由于开发时间长、供养人口多，大多已受到人类活动的影响，发生过显著的变迁。这些都为历史地理研究提供了极其丰富的课题。

中国历来人口众多。从公元初的六千多万人发展到一八五〇年的四点三亿人，又增加到一九五三年的六亿余人，中国人口在世界人口中一直占着三分之一至四分之一的比例。从古代的华夏诸族、三苗、百越、东夷、西戎、南蛮、北狄，到今天的五十六个民族，中国始终是一个多民族的国家。自古以农立国，以农为主，同时具有游牧、饲养、狩猎、采集、捕捞等多种生产方式，农、林、牧、副、渔、手工业、工业、商业、服务业和各种特种行业全面发展。各民族、各地区的生产和生活方式、物质和精神文化丰富多彩，方言繁多。尽管儒家文化占据了主导地位，但道教、佛教、伊斯兰教、天主教、基督教等宗教同时存在，各种民间的、地方的信仰变化无穷，就是儒家文化内部也有各种流派。这些都是值得历史地理学开发的无尽的宝藏。

由于地理环境的阻隔，中国文化基本上是独立发展的。直到十九世纪中叶，中国文化在总体上还没有受到外来文化的影响，对东亚以外也没有产生直接的、整体性的作用。但早在先秦时期，先民就开始了与境外的联系，产生了周穆王、西王母、昆仑山的传说。张骞通西域和丝绸之路开通后，甘英、朱应、康泰、法显、宋云、惠生、常骏、玄奘、王玄策、慧超、杜环、李志常、常德、亦黑迷失、汪大渊、周达观、陈诚、郑和、王景弘、费信、图理琛、谢清高等旅行家、探险家、航海家、高僧给我们留下了耳闻目睹、亲身经历的记载，有的是世界上唯一、在当时当地也没有的珍贵记录。同样，竺法兰、安世高、安玄、康僧会、支谶、鸠摩罗什(Kumarajiva)、阿罗本、伊本·瓦哈伯(Ibn-Wahab)、马可·波罗(Marco Polo)、伊本·拔图塔(Ibn Batutah)、鄂多立克(Friar Odoric)、约翰·孟德高维诺(Giovanni da Montecorvino)、邓玉函(Johann Schreck)、利玛窦(Matteo Ricci)、金尼阁(Nicolas Trigault)、庞迪我(Diego de Pantoja)、汤若望(Johann Adam Schall von Bell)、南怀仁(Ferdinand Verbiest)、徐日升(Thomas Pereira)、罗雅各(Giacomo Rho)、毕方济(Francois Sambiasi)、冯秉正(Joseph de Moyriac Mailla)、郎世宁(Giuseppe Castiglione)等人因种种原因来到中国，或者传播佛教、景教、天主教、基督教，或者带来了西方、阿拉伯、印度文明，或者向外界介绍了中国当时的情况，其中也有未见于中文记载的重要数据。具有如此多的研究中外交流史和世界文明史的资料，也是中国历史地理学者的幸运。

目前所知中国最早的文字是甲骨文，基本已能够解读。战国后期，各国间的文字交流已没有障碍。从秦始皇统一和规范文字至今，中文的基本构造的意义没有根本性的变化。

我们的祖先曾经创造了世界上最多的文字记录，传抄或印刷了世界上最多的书籍，保存至今的书籍和其他文字记载如金文、碑刻等，无论数量、内容和种类，都是世界上最多的。此外，还有和田文、粟特文、吐火罗文、吐蕃文、契丹文、西夏文、蒙文、满文、彝文等各种文字的史料，大多已得到解读。其中仅地方志就有八千多种，对明清以来各地的记载非常详细。用中文译成的《大藏经》所收录的佛经，由于一部分原本早已散佚，成为有关资料的唯一出处。这样的历史文献资源在世界上是独一无二的，尽管同样存在着时间和空间上的缺损或空白，但与世界上其他任何国家和地区相比，中国历史地理可以研究的时间最长、空间最广、数据的密度最高、可信度最大。

二、中国的历史文献使中国的历史地理学可以包括历史自然地理，从而对地球环境长期的演变做出更合理的解释，有利于更准确地预测未来。中国历史地理文献可以作为研究历史自然地理的基础，为人类做出不可替代的贡献

自二十世纪后半期以来，地球上出现了气候的急剧变化和不少自然灾害，大多数地方的环境趋于恶化，最近在中国北方出现的罕见的沙尘暴和各地普遍的春季高温更使人们对未来的气候和环境变迁充满了困惑和忧虑。世界上其他地方的人也在为未来担忧，而科学家的预测莫衷一是。科学不是

算命，不能未卜先知，科学的预测只能建立在大量实践和科学规律的基础之上。但人类认识规律需要相当长时间的积累，如对一种地理现象的变化规律的了解，都需要一个比较长时段的观察。如果不做长时段的研究，就要总结它的规律，来预测它未来的发展趋势，那是非常危险的，或者说是完全不可能的。

不幸的是，人类用现代的科学仪器来观测气候，如气温、风向、风力、气压、降水等，到现在最长只有一百七十多年，能积累那么长年代资料的站点在全世界只有五十个，其中的百分之九十集中在西欧。也就是说，如果我们完全依靠现代科学仪器积累起来的气候资料，那最多只能研究西欧四十几个点不到二百年间的规律。而且影响气候变化的各种因素的变动周期或长或短，如太阳黑子变化是十一年一个周期，而气候冷暖的变化却有几十年、几百年，甚至几千年的周期。从现有的资料分析，二十世纪的气温的确呈上升趋势，但仅仅一百年的数据能证明是一个完整的周期吗？谁能肯定一百年后气温是继续上升，还是又将进入一个新的周期，或者进入一个下降阶段呢？退一万步说，即使这一百七十年的数据能够提供西欧地区的规律，也不可能解决全世界的问题。至于中国，能够积累一百年以上现代气候观测数据的点也屈指可数，大多数县级观测点的数据是从一九五八年后开始的，比研究西欧的条件更差。幸运的是，依靠中国丰富的历史文献和各种信息，历史地理的研究可以为人类提供更长、更多的气候变化状况，有可能使我们了解更多的规律性。当然，科学家也可以利用孢子花粉分析、土壤沉积物分析、生物种类、碳十四断代、考古发掘等方法来获得气候数据，但在信息的延续性、广泛性、精确性方面，与文献记载是不可同日而语的。

例如，现存的甲骨文中有好几条有关亚洲象的记录，证明殷人猎象已很有经验，在王都殷(今河南安阳)附近的田猎区内常有成群的野象在活动。另外，甲骨文中出现的十多种天气现象的字中，没有冰、霜等字。结合考古发现的其他证据，我们完全可以肯定，公元前十六至十一世纪的商代是一个气温偏高明显的阶段，其年平均气温比今天还高，黄河以北地区的冬季气温比今天上海一带还要高。所以说，从二十世纪开始的气温升高并没有超过历史上的极限。同样，我们可以在历史数据中找到很多极端最低气温的记录。例如，上海附近的太湖在宋代冬天经常结冰，有时湖面完全冰封，上面可以步行和供车辆来往。苏州一带的运河也经常冻结，以至船只都常备有凿冰工具，不断破冰才能通行。这些情况，现在早已绝迹了，这说明历史上长江三角洲冬天的极端最低温度比今天低得多。也就是说，近一个多世纪内出现的气温变化都还在历史上“正常”的范围之内，在密切注视、认真对待的同时，不必过于紧张，过于悲观。

又如，建立在历史文献基础上的研究证明，有史以来死亡人数最多的地震灾害，是明朝嘉靖三十四年十二月十二日

（一五五六年一月二十三日）陕西华州的大地震，死亡人数至少有八十三万。而一九七六年的唐山大地震死亡二十四万人，二〇〇八年汶川大地震的最终死亡人数估计是十万左右。已知黄河最大的洪水发生在道光二十三年（一八四三），三门峡洪峰流量达到三万六千立方米每秒，十二天洪水总量一百一十九亿立方米，相当于五百年一遇。而二十世纪内最大的一九三三年三门峡洪峰流量是二万二千立方米每秒；一九五八年在河南花园口实测到的洪峰流量是二万二千三百立方米每秒，十二天洪水总量八十六点八亿立方米，只相当于五十年一遇。我们还可以找到其他大量类似的例子，这至少可以证明自然灾害并不存在越来越严重的规律。人类活动固然会加剧自然灾害，但造成自然灾害的主要或根本原因显然还是自然本身，这正是我们必须探索的规律。

根据从中国浩如烟海的历史文献中整理出来的气候变化、自然灾害的类型和程度、环境变迁和其他自然地理要素变化的数据，结合其他历史信息，参照现代观测资料及其研究结果，中国历史地理的研究成果能够发挥独特的作用，填补现代科学研究的空白，为更科学地发现和认识自然规律以及预测未来提供经验，为全人类的未来做出贡献。

三、中国历史地理学如何国际化

中国历史地理学发展到今天，究竟在世界上处于什么地位呢？对此，既不应夜郎自大，也不必妄自菲薄。

以研究对象为标准，即就对中国历史地理现象的研究而言，中国学者所取得的成果无疑数量最多、水平最高。如前所述，中国的历史文献得天独厚，中国的研究者在语言、文化背景和实地考察方面具有天然的优势。

我曾经与美国、日本、英国和西欧的同行交换过意见，他们对我们能进行历史自然地理研究感到很惊奇，因为他们基本上只有历史人文地理研究。原因很简单，他们能利用的历史文献年代较短，无法对长时段的自然地理变化做研究，而较短时间内的自然地理状况与当代差别不大，基本可以用现代地理学的方法来研究。

中国一些重大的历史地理研究成果，如《中国历史地图集》、《中国历史地震地图集》、《中国自然地理·历史自然地理》、有关环境和历史气候变迁的论著等，以及我们正在研制的“中国历史地理信息系统”(CHGIS)都达到了当代世界最高水平。但由于这些论著都是以中文发表的，除了地图以外，其他还很少为国外所知，也无法进入国际检索系统。例如，近年国外学者论述中国古代的气候变迁与朝代兴衰的关系的论文可以进入《科学》《自然》之类一流学术刊物，但实际上中国学者早已在国内发表过类似的论文。另一方面，因为我们的成果都以中国为研究对象，除非它们正好具有普遍性、规律性的意义，否则即使译为外文，也未必能引起外国学者的兴趣。

以学科理论和研究方法为标准，我们就不能说已经达到了世界先进水平，因为理论和方法的先进性不仅体现在对中国历史地理的研究中，还应有普遍的适应性，才能为国际历史地理学界所承认。

中国历史地理学固然有其鲜明的特色，并且主要服务于中国的学术界和社会。但如果要贡献于全人类，要为国际学术界所承认，就必须走向世界。在可以预见的未来，英语仍然是国际最重要的语言，随着信息科学和互联网的发展，其影响将越来越大。我们必须充分利用互联网的优势，发展与国际学术界的信息交流，并且以英语发表重要论著。改革开放以来，我们先后邀请过不少外国学者来访，参加我们主办的学术会议，不少同仁出访外国，参加重要的国际学术会议，但欧洲和美洲的历史地理年会我们基本没有参加，国际性的《历史地理学报》(*Historical Geography Journal*)几乎没有发表过中国学者的论文，大陆学者基本没有用英语出版过高水平的专著，这种状况亟待改变。

但国际化是双向或多向的，国际学术界同样需要实现它们的“国际化”，而这个“国际化”就应该包括主动了解中国并与中国学术界交流在内。特别是那些已经认识到中国历史文献重要性的外国非中文的研究者，他们不学中文，只依靠运用翻译成外文的数据，能准确理解中文史料的含义吗？能取得一流成果吗？纯粹以中国的地理现象为研究对象的成果，如果在理论上和方法上没有新的突破，有必要以外语发表吗？

中国的历史地理学者同样应有所选择，有所取舍，完全没有必要片面强调“全方位”。

原载《中国社会科学报》二〇〇九年九月二十二日，第B3版。

城市品性

品性，也可以称为品格，本来是用来衡量人类的一种尺度或标准，以后也用之于人类所创造的精神或物质的产物，如艺术品、文学作品、学术成果、建筑物、景观等，自然也能包括城市。

我的理解，所谓品性，包含了两方面的内容。一是品，一般可以理解为类型和属性。在比较、评价、鉴赏的过程中，只有同一类型或相近类型，才有实际意义。一是性，某一事物的物质和精神方面的具体内容及其具体的或抽象的表现。就城市而言，品，主要体现在城市的性质和功能上，如政治型、经济型、文化型、宗教型、军事型、休闲型等，或者两种及多种类型的综合型。不同的类型及其相应的功能，是决定城市之品的基础，也是城市之性赖以存在的根基。在此基础上，城市方能产生和发展其独特的性。

一

在城市产生之初，它的品性只能体现在与非城市的差别上，因为城市本身几乎不可能立即产生自己的品性，在城市内部也不可能马上产生品和性的基础。

早期的人类是群居的，否则无法生存和繁衍。或许当时也有高人、异人离群索居，或者在生产或迁徙中掉队落单，但除非他们重新加入群体、形成新的群体，就不可能生存，更无法繁衍。每一群体都必须自给自足，或者通过争夺其他群体的资源以维持自身的生存。只有当某一群体达到相当大的规模，有了一定的公共积累，产生了一定的共同需求时，城市才有可能产生。

在中国，早期的城市被称为国。所谓国，其本义是一个手持戈的人在守卫着自己的一片土地，并且用一圈围墙加以护卫。这个“国”字很恰当地显示出早期城市的功能。实际上，在城市产生之前，聚居的人群中已经产生了一些共同的需求，如祭祀、防卫、管理等。但只有在城市形成之后，这些功能才有了专门的设施和人员去实现。例如祭祀，一方面必须有一个共同使用的场所，另一方面，也要保证这一场所有足够的人数，自然需要有专人司其职责。再如防卫，一般已建起城墙，有的还开凿护城河，或建起类似的工事，有了专职的守卫人员。这些花费都得由城市里的人口负担，而城市人口赖以生存的粮食和物资也得依靠自己生产或获得。尽管城内还保留着一些农田、菜园，但另一部分或大部分是由处于城外的郊人或野人生产的。生产力的提高和商品经济的发展，使城市中的一部分人口可以不再从事农业生产，而致力于经济、文化、军事、礼仪等活动，为城市的功能化提供了可能性。

如果说早期的城市毫无例外地具有一些共性的话，它们从一开始也存在自己的个性，并逐渐形成自己的特色。例如，祭祀的方式、崇拜的对象和程度、祈求的目标和结果，都会因地而异，因人而异。时间一长，这些差异会越来越大、越来越明显。但在一座城市就是一个政治实体，城市间互不统属的条件下，每座城市的基本功能并无二致，只有管理模式的不同和控制程度的强弱。

当一个政治实体拥有不止一座城市时，或者当不同的城市结成一个实体时，城市之间逐渐产生了功能上的差异，即在保证城市的基本功能的前提下，产生了不同的附加功能。开始时，这种差异只限于政治地位，即统治和被统治。如夏、商、周的王都与各诸侯的都城之间，前者是天下共主所在，是统治各诸侯国、接受各国朝贡的，必须具备这样的功能；而后者是接受统治的“王土”，必须具备定期向天子进贡的功能。

一些较大的诸侯国已拥有不止一座城市，在它们内部，也出现了城市功能的差异。都城具有两重功能，即在接受天子统治的同时，统治本国的其他城市。其他城市则必须具备接受都城统治的功能。到战国后期，随着郡县制雏形的形成，已经出现了不同等级的行政中心城市，相互之间存在管辖和被管辖的关系。经过秦始皇的强力推行和西汉期间的巩固，郡县制度给中国带来了一个完整的行政系统和城市系统：首都—郡级治所（诸侯国都）—县级（侯国、道、邑）治所。随着行政区划制度的变迁，具体的层级和名称因时而异，但这一城市体系延续至今。首都、三十多个省级城市、二百多个市（省会、省辖、地级）和两千多个县（市）级城市构成了中国城市的绝大部分。

当一个政治实体内部拥有不止一座城市时，在行政中心之外的城市，也可能具有不同的功能，如：依托祖先或名人陵墓、名山大川形成祭祀型城市；因地处边防或战略要地，形成军事型城市；因水陆交通路线交会，有道路通往其他重要城市，形成交通枢纽城市；因手工业发达、商业繁荣而形成工商业城市；统治者对文化的重视，士人的聚集和学术活动的开展，使所在城市成为学术中心。

这些功能完全可以并行不悖，所以国都、省会城市一类大城市往往同时具有不止一项功能，就是中小城市，除了作为区域行政中心以外，也可以具有某项其他功能。如战国时齐国的都城临淄自然是齐国的政治中心，而且由于齐国实力强大，影响力所及远届东部各诸侯国，实际上还是太行山以东的政治中心。临淄人口多至十万户，有数十万人，手工业发达，商业繁荣，称得上是一座工商业城市。稷下学宫的设立吸引了各国的一流学者和大批士人，使临淄成为人才荟萃、百家争鸣的学术文化中心。作为国都，临淄的军事功能也相当完善。由于历代都实行中央集权制度，长期沿用的首都往往是功能最齐全的大城市，同时发挥着多个全国性中心的作用，西汉、隋唐的长安，东汉、北魏的洛阳，元、明、清的北京莫不如此。

有了不同的功能，城市才能显示出不同的品，才可能分为不同的类型。品可以是单一的，也可以是复合的或综合性的。

二

同一类型的城市不仅会有量的差异，更会有质的差异。所以，不同品的城市自然有不同的性，但相同品的城市完全可能有不同的性。品相对稳定，性却因时而异，因城而异。品可以大致分类，性却难以划分，因为既有客观标准，更有主观标准。

同样功能的城市的性之所以不同，取决于两方面的条件，用今天的语言说，就是硬件和软件。前者是指城市基本的自然环境和建筑设施，后者是指城市里的人和那些人维持着的传统。例如中国古代的首都，必定要根据建都的基本原则选定城址，如“天下之中”“四塞之地”“上游形胜”“虎踞龙盘”

等。还得根据自然条件的特点和实际需要，建造城墙、关隘、运河、道路等，以及宫殿、园林、衙署、市场、寺庙、兵营、民居等。与此相适应的人口是皇室、贵族、宦官、文武官员、将士、居民、商人、工匠、僧尼等。这些人中间有不少是首都特有的，或者是因为首都而特别多，而他们的地位和作用更是其他城市的人所无法相比的。就是普通百姓，由于生活在首都，也会享受到一定的优待，形成优越感。首都的地位一经确立，还会吸引大批流动人口，其中相当一部分会转化为移民。一个长期延续的首都，必定会形成其独特的文化和文化传统。这些因素构成了首都城市的品性，其中任何一项因素的变动都可能影响其他因素，也会改变城市的品性。

不仅如此，品性中的一些因素具有客观标准，硬件方面基本都可以定性并定量，软件方面也有一部分可以定性定量，另一部分则只能定性而无法定量，有的则既不能定性更无法定量。对同一因素，不同的人可以有完全不同的印象和感觉，产生不同的记载和评价。如对同一座长安城，皇帝、大臣、下僚、将军、士兵、贵族、平民、富户、穷人、土著、流民、汉人、胡人等会有不同的感觉，金榜题名的进士与名落孙山者之间、不断升迁的大臣与受到贬斥的官员之间、自由移民与被强制安置者之间，绝不会感知同样的景观，即使他们同时处于同一城市，他们的满意度、幸福度、适应度会有天壤之别。

其他功能的城市，如经济、文化、军事、交通、祭祀、旅游等类型城市也是如此。

所以，城市的品可以复制，性却无法复制，也不易移植，要复制一座品性完全相同的城市则绝无可能。汉高祖刘邦为了取悦于他父亲，曾将故乡丰邑完全复制到关中，将这座新城命名为新丰，还将丰邑的居民和他们的家产，包括喂养的牲畜宠物，全部迁至新丰。新丰建得与丰邑一模一样，据说居民迁入时将从丰邑带来的鸡犬放在路上，它们就会找到主人的家和自己的窝。但以后新丰与关中的其他城市并无二致，可见丰邑的品性早已不复存在。其实原因很简单，刘邦可以将新丰的建筑和城市设施造得像丰邑的一样，却无法改变新丰所处的关中的自然环境；刘邦可以将丰邑的居民和牲畜全部迁至新丰，却不能使他们和他们的后代不入乡随俗，发生不可避免的变化。

即使城市的品不变，性也多变。但如果外界条件比较稳定，城市的基本品性也能得到延续，并且形成传统。品是性赖以存在的基础，一旦城市的功能转变、增加或丧失，性也会随之变化。但性的变化未必与品同步，稳定的性往往会滞后于品的改变，特别是在城市居民比较稳定的条件下。

三

由于城市的品性更多表现在精神文化方面，因而又被称为城市的文脉。

所谓城市文脉，就是指一座城市的文化及文化传统，而不是仅仅指当时存在的文化，因此与城市的功能是否延续有密切的关系。简单地说，一方面是指现在的文化，一方面是指过去的文化，如果这两者是延续的，那就形成了一种传统。如果两者是不同的，或者以往有过这样的不同，这种传统就中断了，难以形成文脉。一座城市，尽管现在的文化很发达，如果过去的文化已不复存在，或者从来没有这样的文化，要形成文化传统必定要假以时日，形成自己的文脉更需要长期的积累和绵延。

另一方面，只有形成了自己的文脉，并且得到延续，城市的功能才能得到充分的发挥，才有可能推到极致。文脉不仅是城市的基本设施、名胜古迹、文物遗址的积累，更是一代代城市人的文化和智慧的结晶，足以保持城市的记忆，提供调节人地关系和适应变化发展的经验。

但是在城市发展的过程中，并非所有的城市都能保持不变的功能。特别是在一个急剧变革的时代，或者受到天灾人祸的摧残，一些城市的功能被强制改变，或者被破坏殆尽，延续数百上千年的文脉就此中断，岌岌可危。例如，三国吴、东晋、宋、齐、梁、陈六朝的都城建康(建业)作为南方的政治、经济、文化中心存在了三百多年，其功能基本不变，文脉得以延续。但到隋灭陈时将建康城彻底毁灭，将地区行政中心迁往别处，当地人口几乎全部外迁，这座六朝古都从地图上消失了。尽管以后的南京是在这片土地上重建的，除了战火毁灭不了的古代遗址遗物外，还有多少六朝遗风？太平天国战争不仅破坏了南京城内外的大批古代建筑和文化设施，还导致当地人口大量死亡或外逃。战后的南京虽逐渐恢复，但城内人口已以来自苏北、淮北等地的移民为主，城外也成了河南等地移民的乐土，少数幸存土著人口岂能承担延续文脉的重任？

没有文脉或文脉断绝的城市并非没有品性，只是不可能有高雅的、深厚的、愉悦的、稳定的品性，甚至不可能具有与本身相适应的品性。

四

城市的主人当然希望它具有自己期望的品性，那么首先应该确定它的品，即从城市功能的定位开始。任何一项功能，都需要最低限度的物质条件和实现这项功能的人。但是要提高这项功能，使城市形成令居民满意的品性，就不能局限于物质条件，也不能只保证居民的温饱，而应注重城市在物质和精神上、硬件和软件上的全面发展。

对于一座已经存在了相当长时间的城市，保持并改善其品性的一个重要方面，就是要延续城市的文脉。这不仅需要保留必要的物——环境、建筑和设施，更离不开能够传承文脉的人。

今天，中国绝大多数城市的功能已经发生不可逆转的变化，原有的设施已经无法满足城市发展的需要，加上中国有限的土地和庞大的人口，如果单从物质条件的需求看，城市多数原有设施的确已经失去了存在的必要。从经济效益看，大拆大建，增加建筑密度和容积显然更有利，也能更快满足居民改善生活的强烈愿望。像北京的四合院和胡同、上海的石库门和弄堂，即使以往有千好万好，那也既不可能成为未来民居的主要形式，也不会得到多数人的喜爱。城市居民反拆迁的抗争，大多不是对文化传统的守护或对旧居的依恋，基本上都是经济利益和社会公正的诉求。

但为延续文脉着想，一座城市需要保存最低限度的古物旧物，才能保持城市的历史记忆，才能延续城市的品性。因为这些曾经是城市多数居民的住所或活动场所，也是当时的文化和传统赖以存在和延续的物质基础。如果让城市的后人仅仅凭着文字和图像去想象，大多数人不可能理解生动的历史，留下深刻的记忆。何况在物质生活得到满足的情况下，居民的精神生活要求会不断提高，对国家和城市的记忆正是他们所需要的。这些记忆中还包含着我们今天不一定知道或理解的抽象的智慧和价值观念，原物的保存才能给后人以破解或汲取的可能。即使是完全属于封建、迷信、腐朽、反动、罪恶的旧物，也有必要适当保留一些，以便让后人了解历史的另一面。

但更重要的是，必须有传承文脉的人，有了人脉才能有文脉。四合院和胡同、石库门和弄堂里必须有一些原来的居民，或者熟悉原来生活的居民后人，真实的历史和生活并非完全可以用文字或图像记录的。但另一方面，这些居民完全有选择自己的居住方式和职业的自由，如果需要他们为了传承文脉而发挥特殊的作用，政府和社会应该给他们合理的补偿和奖励。对一些传承特殊技艺或记忆的人，政府要保证他们衣食无忧，生活不断改善，而不能让他们去市场竞争。

这些物和人的保留必须用地方立法的方式加以保证，通过当地的人民代表大会进行监督，而不能根据长官意向随意变化，也不能因为主管官员的更迭而得不到稳定。

而要做到科学决策，就离不开一批专门的研究人员，需要他们主要从事本城本地历史和文化的深入发掘、抢救、整理、研究和必要的普及。在城市新功能的建设和新文化的创建中，也要充分听取他们的意见，采用他们的成果，使本土传统得到可能的体现，本土文化的元素渗透在新文化之中。

守旧与创新并行不悖，相得益彰，城市品性在延续中改善，在继承中更新。居民既是城市品性的守护人，又是其批评者、改变者、塑造者。优良的城市品性使居民得到享受和陶冶，而高素质的居民也使城市品性得到完善和升华。

原载陈燮君编《城市足迹馆》，上海：上海文艺出版社，二〇一〇年十一月，第二五九页。

中国人口：二十一世纪的
忧思和希望

当一九八二年全国第三次人口普查的各项数据公布后，专家学者以此为根据对中国人口的发展趋势做了预测，《中国第三次人口普查资料分析》（中国财政经济出版社一九八七年版）一书中收录了蒋正华、兰曙辉的《中国人口发展预测》和张为民的《中国人口未来发展的预测》，对中国人口发展的前景做出了各自的估计。他们对一九九五年中国人口数量提出的目标方案（理想方案）分别是11.88亿和11.92亿，二〇〇〇年分别为12.44亿和12.53亿。但去年年底官方公布的人口总数已经达到11.6亿，实际人口可能还略多些，看来都将突破他们的两种预测目标。当中国进入二十一世纪时，人口总数很可能达到12.8亿左右，虽然高于他们所预测的理想方案，但还是大大低于他们提出的高方案（警报方案）13.54亿和13.49亿。这些数据一方面显示了中国人口政策在降低人口增长率方面取得的巨大成就，另一方面也说明要进一步控制人口数量的增加还存在现实的困难。

但二十一世纪的中国所面临的人口问题并不仅仅是数量这一方面，相比之下，其他一些方面更应该引起我们的注意。

第一，人口增长率不平衡产生的后果。这种不平衡的存在已经通过各种统计数据反映出来，人们甚至凭直觉也感觉得到。经济文化发达地区的人口自然增长率已经大大降低，有的已接近或低于发达国家的水平。如上海市的总生育率多年来已低于美国、日本等国，与联邦德国相近，也已低于人口更替生育水平，近年人口已开始负增长。但经济文化比较落后的地区的人口增长率却居高不下，这些地区的农村中妇女的生育率更高，生二胎的相当普遍，生多胎的也不少。由于漏报严重，实际增长率比官方统计数究竟要高多少还很难估计。在这些地区，文化技术水准较低的人口一般又比文化技术水准较高的人口有更高的增长率，其中的近亲通婚、先天缺损性婴儿的出生率也比较高。在原籍和寄居地都不管或管不了的流动人口中，早育、多胎的现象相当严重。经济发展较快地区人口的性别比一般接近正常，但一些偏远地区和农村的性别比很高，有的甚至超过120（以女性人数为100）。这些不平衡增长如果长期得不到调节，势必会出现这样的结果：经济文化发达地区、城市、文化技术水准较高人口、定居人口的增长率一直低于经济文化不发达地区、农村、文化技术水准较低人口、流动人口的增长率，前者在总人口中的比例会逐渐下降，而后者将日益增加。这必然导致我国人口总体素质的下降、地区间经济文化差距的扩大和继续推行计划生育政策的困难。

第二，人口年龄结构大幅度变动引起的问题。中国人口既不是静止人口，也不是稳定人口。由于政治和社会因素对人口发展的强烈干预，常常造成人口的剧增和剧减，各个岁数或年龄段间经常出现很大的差别。以一九八二年第三次人口普查的数据为例，如以当时九岁的人口数为100%，一岁的就只有69.27%，四岁的只有74.25%；如以十九岁的人口数为100%，二十岁至二十三岁的(出生于一九五九至一九六二年)都在57.00%以下，其中二十一岁的(出生于一九六一年)竟只有39.00%。这样大幅度的变化对社会生活的各方面，特别是教育、劳动就业、结婚生育、医疗保健、住宅、商品供应、公共设施的发展和维持带来很大的困难。如当低出生率年份的人口进入学龄时，小学可能会产生40%以上的富余；但等下一轮高出生率年份人口进入学龄时，往往又得全部恢复。小学至高中这种大幅度的起落至少要持续到二十世纪末，而不同年龄段劳动力的变化无疑要影响下一世纪，就业高峰与劳动力不足会交替出现，又会在不同地区间并存。一般操作人员和初中级科技人员还能依靠较长的年龄段之间的调节来保持大体均衡，需要特殊技艺的人员和高级科技人员间就会出现断层。下世纪初这种情况将在高校和研究机构中造成严重影响。上海等地已经进入老龄化社会，按目前的增长速度，到二十一世纪初六十五岁及以上人口将占全国总人口的

7.5%左右，二〇二〇年将达到约12%，二〇五〇年将可能接近24%。无论是老龄化的速度，还是老龄人口的绝对数量，在全世界都是前所未有的，但我们在认识上和行动上似乎都缺乏应有的准备。

第三，一代一孩家庭的后遗症。七十年代后期及以后的独生子女将在下一世纪初进入结婚和生育阶段，他们必定会面临着两难选择。如果继续执行只生一个的政策，那么人们预言的“四二一”家庭——两对老夫妻、一对小夫妻和一个孩子——就成为事实。这种家庭模式的缺点是不言而喻的，除了对社会和家庭的物质生活方面的不利影响外，还会造成伦理道德、心理和人际关系等方面的问题。如“兄弟姐妹”将在这两代人中消失，对他们来说，手足之情既不存在也无从体会。但如果改变政策，允许或鼓励他们生二胎，那又会在一段时间内出现一对夫妻既要抚养教育两个子女，又要照顾或赡养四位老人的局面。如以二十七岁为平均代差的话，一对四十二岁的夫妻在抚育两个十五岁及更小的孩子的同时，必须照顾四位六十九岁的老人。在计划生育政策得到有效实施的地区，尤其是在那些独生子女家庭占90%以上的地区，这一矛盾是无法回避的。

但另一方面，中国的改革开放使我们也看到了解决人口问题的希望，只要我们坚持改革开放，二十一世纪将成为中国人口的一个重要转折点。要解决上面这些矛盾当然要有具体的措施，但首先需要全社会特别是政府的决策人确立正确的人口观，在此基础上才能制定出正确的、长期稳定的总政策。以往对控制中国人口增长的必要性所做的理论阐述基本是正确的，但存在着片面性，很大程度上影响了宏观决策。

二十世纪五六十年代人口政策的失误固然给中国造成了严重的人口问题，但把一切困难都归咎于人口太多是不公正的。最明显的例证是：改革开放以来的有些年份的人口增长率高于七十年代后期，但无论是国民经济和人民生活都比那时提高得快。同样，像珠江三角洲这样走在改革开放前面的地区的人口增长率并没有降低，但经济的高速发展和人民生活水平的迅速提高是有目共睹的。世界上比中国人口增长得更快的国家和地区取得了比中国更高的经济增长率的例子也不少。如根据联合国的统计资料，一九八七至一九九〇年间国民经济年平均增长率超过8%的亚洲国家和地区就有韩国、马来西亚、新加坡、泰国和中国的台湾，都高于中国大陆地区同期的7.7%；而这些国家或地区的人口年平均增长率大多比中国大陆地区高，其中韩国、中国台湾每平方千米的人口密度分别为432和574，大大高于中国大陆的117。

长期以来，中国人口学界流行一种理论，要保持中国人民的消费水平不降低，人口增长与经济增长大致应维持1∶3的关系，即人口的年增长率如为1%，经济的年增长率至少要达到3%才能维持原有的生活水平。但实际上，这一比例关系是建立在中国原来计划经济的统计指标上的，这样的经济增长率往往带有很高的水分。如果是真正的国民经济增长率，与人口增长率之间就没必要保持如此高的比例关系。退一步说，即使按这样的比例，在人口年平均增长率达到1.8%(预测的最高方案)时，只要经济增长率保持在5.5%就能维持人民的生活水平不至于降低，高于此数就能使之不断提高。从改革开放以来的经济形势看，这样的增长率是完全可以超过的。当然要长期维持这样高的经济增长率是困难的，但这样高的人口增长率也只会在短期内出现。

“只要有了人，什么人间的奇迹都可以创造出来”的说法是有片面性的，但一味夸大人口的消极作用同样是不全面的。在现代科学技术的条件下，我们不仅应该看到人既有一张嘴也有两只手，还要强调人有一个脑袋，有体力更有智力。一个身体健全、受过良好教育培训的人一生中所创造的财富，完全可以大大超过社会对他的供给量。这类创造甚至可以在基本上不消耗物资和能量的条件下实现，如软件和信息资源的开发、统筹优选方法的推广、实用遗传工程的运用等。据预测，即使是美国、日本和西欧等最发达的国家和地区，未来对高科技人员的需求也是非常大的。所以，如果“人”是指体力智力素质都高又掌握了现代科学文化的人，那么对他们数量的增加是无须悲观的。当然，在中国这样庞大的人口中，高素质的人口所占比例毕竟有限，但我们如果能使这个比例不断提高，所起的作用至少不在控制人口数量之下。

我们强调国情，强调人均指标，使大家从“地大物博”的假象中清醒过来，认识到中国所面临的实际困难，自然有其必要。但因此而把责任都推给了地不大物不博，甚至对中国的前途悲观失望，这种想法也不可取。中国的人口密度居于世界前列，而人均资源低于中等水平，这是事情的一方面。另一方面，人口密度比中国高得多、人均资源又比中国少得多的国家中，却不乏比中国发达富强或者高居世界前列的例子。如果用“比较密度”的概念，即单位农用土地上的平均人口数来统计的话，一九七八年的中国是551，同年比中国高的国家主要有：印尼676，孟加拉国910，日本2219，埃及1426，联邦德国632，荷兰1106。可以肯定，目前中国的数字还大大低于日本、荷兰。

这里不妨把中国与日本做一个更全面的比较。据联合国和日本的统计资料，一九九〇年日本的人口有1.23亿，人口密度是327人/平方千米，农业用地占国土的14.1%，森林覆盖率达到66.5%；农产品的自给率分别为：谷物30%（其中稻米100%），豆类8%，蔬菜91%，水果63%，肉类70%，鸡蛋98%，牛奶78%，水产品79%，脂肪油87%。同年中国（含中国台湾）的人口是11.4亿，人口密度是119人/平方千米，农业用地占国土的43.2%，森林覆盖率为13.2%（如不计中国台湾，人口密度为117人/平方千米，其他两项都要低1%左右）；如果中国的农业生产能达到日本的水平，那么就完全可以在适当减少耕地面积的条件下供养更多的人口，并且能大量出口农产品。日本几乎没有发展工业的自然资源，对进口的依赖率极高，一九八九年几项主要原料的进口率分别为：能源 85.5%，煤 92.1%，石油 99.6%，天然气 95.6%，铁矿石 100.0%，铜 98.8%，铅 93.0%，锌 82.9%，锡 100.0%，铝矾土 100.0%，镍 100.0%。除铅、锌两种外，都比美国、德国、法国、英国要高很多。而中国的工业资源尽管也需要一定量的进口，却远没有那么高的依赖率，有些还自给有余。

对于资源，当然首先要立足于本国，但也应该着眼于全球。人类生活在同一个地球，可以合理地共享资源，互通有无。日本基本没有石油和天然气，但不仅建立起了大量耗用石油的汽车和能源工业，而且还形成了世界上最发达的石油化工业，一九九一年仅化工产品出口额就达一百七十四亿美元。世界上类似的“无米之炊”还很多，中国为什么不能利用别国的资源来为自己、同时也为全人类造福呢？如果我们发展了两头在外的工业或智力型的产业，或者进一步把产业办到国外去，扩大输出熟练劳工和智力人才，那就能在基本不消耗本国资源的情况下供养大量人口。或许有人担心这样做会缩短地球的供养极限，其实我们既不必杞人忧天，也不应在人类竞争面前做谦谦君子。地球的供养能力固然取决于客观存在，也取决于人类的利用方式和水平。如果超导技术一旦实现了工业化，现在用于发电的资源就能提高无数倍的效率。随着科学技术的进步，资源的利用率必定会不断提高，人口的压力会转化为科技进步的动力。而且你不利用，别人照样在用，甚至在掠夺。已经用控制自己人口数量的实际行动为人类做出贡献的中国人民，为什么不能理直气壮地参与国际竞争呢?

所以我们有理由相信，在经济发展的前提下，适当调整人口政策，能使中国的人口得到更合理的控制。在人口适度增长的同时，中国人民的生活水平也能够有较快的提高。到二十一世纪中期，中国人口将达到顶峰，然后逐渐有所下降，最终维持在一个比较理想的数量。二十一世纪将使我们对人口的忧思成为过去，而将希望变为现实。

在具体操作上，可以适当调整生育政策，在推行中更多地采用经济手段，如税收、福利方面的优惠和限制；对一胎率高的地区更应该及时转变，以避免一孩家庭的后遗症；在本来就要鼓励人口迁入的边远地区或垦区还可更灵活些，以保持人口的稳定发展和合理分布；同时要采取切实措施提高人口的素质，制止目前人口素质“劣化”的趋势。尽管这样做会使中国人口达到顶峰的时间有所推迟，人口总量也会比原定目标多一些，但对中国人民有长远的利益，是值得的。

原载《世纪》一九九四年七月，第三期。

唯有人文足千秋

我们“重走玄奘路”的车队到达吉尔吉斯斯坦的伊塞克湖以后，基本上沿着当年玄奘的路线西行，进入费尔干纳盆地。在托克马克附近，我们来到碎叶城的遗址。这个面积达三十五公顷的遗址曾经是唐朝的碎叶镇，是著名的“安西四镇”之一，一度也是安西都护府的驻地，管辖着天山山脉南北的广阔疆域。当我们的车队经乌兹别克斯坦，穿过铁门关，由铁尔梅兹进入阿富汗，又从开伯尔山口来到巴基斯坦的白沙瓦时，我们的行程还没有超出唐朝极盛时的疆域——唐朝疆域的最西界一度达到咸海和阿姆河之滨。不过，唐朝的势力并没有能在这一带久留，尽管波斯的内乱给唐朝提供了向西扩张的机会，但漫长的交通补给线使处于巅峰时期的大唐帝国也不胜重负，力不从心；而新兴的阿拉伯帝国的军队更是势不可当。怛罗斯一战，唐朝名将高仙芝的六万大军全军覆灭，从此唐朝退守葱岭，再也没有西扩的机会。要是没有吐蕃的崛起，成为唐朝与阿拉伯人之间的缓冲区，阿拉伯人饮马秦川也不无可能。

以往国人习惯于说一个地方“自古以来”就是中国的领土，例如碎叶城地处吉尔吉斯斯坦境内，既然碎叶城曾是唐朝安西都护府和安西镇所在，那么这一带自然“自古以来”就是中国的领土了。其实，“自古以来”与直到近代或今天是两回事，要不，今天中国的西界岂不是也要划到咸海去了吗？唐朝也不完全等同于中国，否则，今天中国境内有些地方就成了外国。实际上，一个地方可以从本地形成国家或隶属于一个国家开始，直到近代或当代都没有改变，但更多的地方是已经历了多次改变，历史却不会倒退到开始的年代，曾经管辖过那个地方的国家也早已烟消云散。

拿我们所经过的地区——吉尔吉斯斯坦、乌兹别克斯坦东部、阿富汗和巴基斯坦北部来说，历史上已经历过几次大的变化，不止一次被外来的民族或本地的其他民族所征服，当地的文化也不止一次被外来文化所取代，相互间的影响更是难以条分缕析。举其大者，公元前四世纪，来自希腊的亚历山大军队曾经越过开伯尔山口，统治过北印度；公元六世纪前后突厥人曾以这一带为中心建立过强大的帝国，而唐朝于七世纪中叶攻灭西突厥后一度成为这里的主人；随后崛起的阿拉伯帝国又将势力范围扩展到帕米尔高原；蒙古铁骑于十三世纪横扫欧亚大陆，成吉思汗的子孙完全控制了这片土地，但不久又被具有突厥和蒙古血统的帖木儿所取代；而当沙皇俄国扩张和英国殖民时，又重新划分了这一带的版图。

今天要完全复原历史上的疆域变迁，即使一流的历史地理学家都会感到困难。当初不可一世的君主、威震世界的征服者，最多只留下了豪华的陵墓。但我们却随处可以感受到一些不可磨灭的影响——在吉尔吉斯斯坦的比什凯克人文大学，师生们与我们一起吟诵李白的诗篇；碎叶城出土的中文石碑，至今陈列在博物馆中；但罗斯之战的唐朝俘虏掌握的造纸技术，不仅为阿拉伯人所学习，也传入欧洲，影响世界；突厥人的石像面对着天山，附近耸立着早期清真寺的高塔；规模宏大的佛寺遗址恰似玄奘的描述，精美的佛像和艺术品令人目不暇给；希腊文明的痕迹无所不在，更是早期佛教艺术的基础。作为历史地理学者，我完全明白，这些文化大多并非发源于本地，它们的被接受也并非出于土著居民的自愿，有的甚至伴随着激烈的战争和残酷的杀戮，双方都付出过惨重的代价。但一旦它们被接受，就会长期延续，即使在遭受毁灭后，还会顽强地存在于其他文化之中。而军事上的征服者却一次次成为文化上的被征服者，甚至连本民族也被消解于其他民族之间。征服者和统治者会被推翻，会随着时间而消逝，但不论出于何种原因而被传播的外来文明，却大多有踪迹可寻，并且植根于民众，与山河同在。

当我们在荷枪实弹的士兵保护下来到阿富汗北部马扎里沙里夫市的会议室里，我们看到了被称为民族英雄的马苏德的画像，但挂在一起的三幅画像，却分别属于心理医生、哲学家和诗人。这更使我相信，唯有人文足千秋。我只是希望，未来的世界能让文化更自由地传播，尤其是在这片土地。

匡山之后

公元一二七九年三月十九日（宋帝昺祥兴二年、元世祖至元十六年二月癸未），宋元在厓山（今广东江门市新会区南海中）海上决战，宋军溃败，主将张世杰退守中军。日暮，海面风雨大作，浓雾迷漫，张世杰派船来接宋帝出逃。丞相陆秀夫估计已无法脱身，先令妻子投海，然后对九岁的小皇帝赵昺说："国事如此，陛下当为国死。"背着他跳海殉国。

七天后，海面浮起十万余尸体，有人发现一具穿着黄色衣服、系着玉玺的幼尸，元将张弘范据此宣布了赵昺的死讯。消息传出，完全绝望的杨太后投海自杀。张世杰被地方豪强劫持回广东，船停泊在海陵山（今广东阳江市海陵岛），陆续有些溃散的部众驾船来会合，与张世杰商议返回广东。此时风暴又起，将士劝张世杰弃舟登岸，他说："无能为力了。"张世杰登上舵楼，焚香祈求："我为赵家已尽了全力，一位君主死了，又立了一位，如今又死了。我之所以不死，是想万一敌兵退了另立一位赵氏后裔继承香火。现在又刮那么大的风，难道是天意吗?”风浪越来越大，张世杰落水身亡。

至此，南宋的残余势力已经全部灭于元朝。

一年后的元至元十七年，被俘的宋将张钰在安西以弓弦自缢而死。此前张钰曾为宋朝固守合州，元将给他送去劝降书：“君之为臣，不亲于宋之子孙；合州为州，不大于宋之天下。(你不过是宋朝的臣子，不比皇室的子孙更亲；合州不过是一个州，不比宋朝的江山更重要。)”但张钰不为所动，直到部将叛变降元，自己力竭被俘。

另一位宋朝的忠臣文天祥，于宋祥兴元年(元至元十五年，一二七八年)十二月被元兵所俘。他坚贞不屈，以各种方法自杀，或有意激怒元方求死。被押抵大都(今北京)之初，文天祥仍求速死，但言辞中已不否认元朝的既成地位，在自称“南朝宰相”“亡国之人”时，称元朝平章阿合马为“北朝宰相”。此后，文天祥的态度发生了微妙的变化，据《宋史·文天祥传》，在答复王积翁传达元世祖的谕旨时，他说：“国亡，吾分一死矣。傥缘宽假，得以黄冠归故乡，他日以方外备顾问，可也。若遽官之，非直亡国之大夫不可以图存，举其平生而尽弃之，将焉用我?”如果说《宋史》系元朝官修而不足信，王积翁有可能故意淡化文天祥的对抗态度，那么邓光荐所作《文丞相传》的说法应该更可信，传中文天祥的回复是：“数十年于兹，一死自分，举其平生而尽弃之，将焉用我?”但除了没有让他当道士及今后备顾问二事外，承认元朝已经取代宋朝的态度是一致的。

而且，在文天祥被俘前，他的弟弟文璧已在惠州降元，以后出任临江路总管。据说文天祥在写给三弟的信中说，“我以忠死，仲以孝仕，季也其隐”，明确了三兄弟的分工。实际上，文氏家族的确是靠文璧赡养，文天祥被杀后，欧阳夫人是由文璧供养的，承继文天祥香火的也是文璧之子。这更说明，根据文天祥的价值观念，他是宋朝的臣子，并出任过宋朝的丞相，宋朝亡了就应该殉难，至少不能投降元朝当它的官。但他承认元朝取代宋朝的事实，包括他的家人、弟弟、妻子在内的其他人可以当元朝的顺民，甚至出仕。也就是说，在文天祥心目中，这是改朝换代，北朝战胜南朝，新朝取代前朝。

另外一位宋朝孤忠的基本态度与文天祥相同。

曾经担任宋江西招谕使的谢枋得，曾五次拒绝元朝征召。在答复那些奉命征召的官员时，谢枋得说得很明白：“大元制世，民物一新。宋室孤臣，只欠一死。枋得所以不死者，九十三岁之母在堂耳。”“世之人有呼我为宋逋臣者亦可，呼我为大元游惰民者亦可，呼我为宋顽民者亦可，呼我为皇帝逸民者亦可。”“且问诸公，容一谢某，听其为大元闲民，于大元治道何损？杀一谢某，成其为大宋死节，于大元何益？”也就是说，他承认宋朝已亡，元朝已立，只要元朝不逼他出来做官，愿意当一名顺民，不会有什么反抗的举动。但元福建参知政事魏天祐逼他北行，他最终只能在大都绝食而死。

态度最坚决的是郑思肖，在宋亡后他依然使用德祐的年号，表明他不承认元朝，希望能等到宋朝的“中兴”。但到“德祐九年”，即文天祥死后次年，他也不再用具体的年份记录，证明他对复国已完全绝望，实际已不得不接受元朝存在的事实。不过，像郑思肖这样的人在宋遗民中亦属绝无仅有。

这一方面固然是由于元朝已经拥有宋朝全境，除非逃亡越南或海外，宋朝遗民只能接受既成事实，即使他们心中不承认元朝。另一方面，宋朝从一开始就没有能统一传统的中国范围，早已习惯了与“北朝”相处，并且实际上已经将它们看成中国的一部分。宋朝与辽、金的关系，如果从名义上说，宋朝往往居于次位，如不得不称金朝皇帝为“大金叔皇帝”，而自称“大宋侄皇帝”。宣和二年（一一二〇）宋朝与金朝结盟灭辽，绍定五年（一二三二）与蒙古联合灭金，都已将对方视为盟国或敌国。所以，在宋朝的忠臣和遗民的心目中，只会是厓山以后无宋朝，却不会是厓山以后无中国。

那么，厓山以后的元朝和元朝以降的各朝是否还是中国呢？

首先我们得确定中国的定义。

目前所见最早的“中国”两字见于青铜器“何尊”铭文中的“宅兹中国”。从铭文的内容和上下文可以断定，这里的“中国”是指周武王灭商前的商朝都城，即商王所居。自然，在周灭商后，周朝首都就成了新的“中国”。显然，那时的中国，是指在众多的国中居于中心、中央的国，地位最高、最重要的国，当然非作为天下共主的天子所居都城莫属。

但从东周开始，随着周天子及其权威的不断丧失以至名存实亡，随着诸侯国数量的减少和疆域的扩大，到战国后期，各诸侯国已无不以中国自居。到秦始皇灭六国，建秦朝，中国就成了秦朝的代名词，并且为以后各朝所继承，直到清朝。一九一二年中华民国建立，中国成了国号的简称和国家的名称。在分裂时期，凡是以正统自居的或以统一为目标的政权，包括少数民族入主中原所建政权，或占有部分中原地区的政权，都自称中国，而称其他政权为岛夷、索虏、戎狄、僭伪。但在统一恢复后，所有原来的政权中被统一的范围都会被当作中国。如唐朝同时修《北史》《南史》，元朝《宋史》《辽史》《金史》并修，以后都已列入正史。

蒙古政权刚与金朝对峙时，自然不会被金朝承认为中国，它自己也未必以中国自许。到与南宋对峙时，蒙古已经灭了金朝，占有传统的中原和中国的大部分。特别是以“大哉乾元”得名建立元朝后，蒙古统治者已经以中国皇帝自居，以本朝为中国。就是南宋，也已视元朝为北朝，承认它为中国的北方部分。到元朝灭南宋，成了传统的中国范围里的唯一政权，无疑是中国的延续。就是文天祥、谢枋得等至死忠于宋朝的人，也是将元朝视为当初最终灭了南朝的北朝，而不是否定它的中国地位。

所以，就疆域而言，元朝是从安史之乱以后，第一次大致恢复了唐朝的疆域，尽管今新疆的大部分还在察合台汗国的统治之下，西界没有到达唐朝极盛时一度控制的阿姆河流域和锡尔河流域，但北方和东北都超过唐朝的疆界，对吐蕃的征服也使西藏从此归入中国，元朝疆域达到了中国史上空前的辽阔，远超出了以往的中国范围。在此范围内已经没有第二个政权，要说元朝不是中国，那天下还有中国吗？明朝的中国法统从哪里来？

如果将中国视为民族概念和文化概念，的确主要是指自西周以降就聚居在中原地区的诸夏、华夏以后的汉族及其文化，而周边的非华夏、非汉族（少数民族）被视为夷狄，称为东夷、西戎、南蛮、北狄，它们的文化自然不属中国文化。华夏坚持“夷夏之辨”“夷夏大防”是重要的原则，并一再强调“非我族类，其心必异”。但是随着华夏人口的不断增长，非华夏人口的持续内迁，华夏或汉族的概念早已不是纯粹的血统标准，而成了对地域或文化的承认，即凡是定居在中国范围内的人，无论以什么方式接受了中国文化的人，都属于中国人。

当成吉思汗及其部族还活动于蒙古高原时，当蒙古军队在华北攻城略地后又退回蒙古高原时，他们在中原的汉、女真、契丹、党项等的心目中自然不属中国，他们也没有将自己当作中国。但当忽必烈家族与他的蒙古部族成了中原的主人，并且基本在传统的中国定居后，蒙古人在元朝拥有比其他民族更高的地位或更大的特权，占人口绝大多数的汉人不得不接受他们为中国。而当蒙古人最终成为文化上的被征服者时，连他们自己也以成为中国人为荣了。尽管这一过程因人而异，因地而异，即使自觉坚持蒙古文化的人，只要在元朝覆灭后还留在明朝境内，他们的后人也不得不接受主流文化，最终被“中国”化。

东汉以后，大批匈奴、羌、氐、鲜卑等族人南下或内迁，广泛分布于黄河中下游各地，还形成了他们的聚居区。三国期间，今陕西北部、甘肃东部和内蒙古南部已经成了“羌胡”的聚居区，东汉与曹魏已经放弃对那里的统治，撤销了行政机构。西晋初年，关中的“羌胡”已超过当地总人口的一半，匈奴已成为山西北部的主要人口，辽东成了鲜卑的基地。此后的十六国中，由非华夏(汉)族所建的十四个，在战乱中产生数百万非华夏流动人口。但在总人口中，非华夏各族始终处于少数，并且随着他们不断融入华夏，在总人口中所占的比例日益降低。

从十六国中第一个政权建立起，“五胡”各族的首领无不以本族与华夏的共主自居，几乎完全模仿以往的中原政权，移植或引进华夏的传统制度。有的政权虽然实行“一国两制”，在称王登基的同时还保留着部族制度，但随着政权的持续和统治区的扩大，特别是当它们的主体脱离了原来的部族聚居区后，部族制度不可避免地趋于解体。到北魏孝文帝主动南迁洛阳，实施全面汉化后，尽管出现过多次局部的反复，鲜卑等族的“中国化”已成定局。

东晋与南朝前期，南方政权与民众都将北方视为异域，称北方的非华夏人为“索虏”。但北方政权逐渐以中国自居，反将南方人称为“岛夷”。随着交往的增加，双方有识之士都已承认对方为同类，有时还会做出很高的评价。如北魏永安二年(五二九年)，梁武帝派陈庆之护送元颢归洛阳，失败后陈庆之只身逃归南方。尽管当时北魏国力大衰，洛阳远非全盛时可比，还是出乎陈庆之意外，他在南归后说了一段发人深省的话：

> 自晋宋以来，号洛阳为荒土，此中谓长江以北，尽是夷狄。昨至洛阳，始知衣冠士族，并在中原。礼仪富盛，人物殷阜，目所不识，口不能传。所谓帝京翼翼，四方之则。始知登泰山卑培塿，涉江海者小湘沅。北人安可不重？

经过东晋、十六国、南北朝期间的迁徙、争斗和融合，到隋朝重新统一时，定居于隋朝范围内的各族，基本都已自认和被认为华夏(汉)一族，尽管其中一部分人的“胡人”渊源或特征还很明显，他们自己也不隐讳。在唐朝，突厥、沙陀、高丽、昭武九姓、回鹘、吐蕃、靺鞨、契丹等族人口不断迁入，其中的部族首领和杰出人物还被委以重任，授予高位，或者赐以李姓。血统的界限早已破除，相貌的差异也不再成为障碍。唐太宗确定《北史》《南史》并修，就已肯定北朝、南朝都属中国。皇甫湜在《东晋元魏正闰论》中更从理论上明确：

"所以为中国者，礼义也。所谓夷狄者，无礼义也。岂系于地哉?"陈黯在《华心》中说得更明白："以地言之，则有华夷也。以教言，亦有华夷乎？夫华夷者，辨在乎心，辨心在乎察其趣向。有生于中州而行戾乎礼义，是形华而心夷也。生于夷域而行合乎礼义，是形夷而心华也。"

从蒙古改国号大元到元顺帝逃离大都凡九十八年，蒙古人进入华夏文化区的时间也不过一百多年，还来不及完全接受中国礼义，也不是都具有"华心"。但已经发生变化，并越来越向礼义和"华心"接近，却是不争的事实。如元初的皇帝还自觉地同时保持蒙古大汗的身份，但以后就逐渐以皇帝为主了。元朝皇帝孛儿只斤·妥懽帖睦尔(明朝谥为顺帝)逃往上都(今内蒙古正蓝旗东闪电河北岸)后，已经失去了对全国范围特别是汉族地区的统治权，照理最多只能称蒙古大汗了，但他还是要当元朝皇帝，继续使用至正年号，死后被谥为惠宗。此后又传了两代，才不得不放弃大元国号、年号这套"礼义"，重新当蒙古部族首领。

如果将中国作为一个制度概念，那么从蒙古人入主中原开始就基本接受和继承了以往各朝的制度。到了元朝，在原金、宋统治区和汉人地区实行的制度并无实质性的变化，但更趋于专制集权，权力更集中于蒙古人、色目人，从宋朝的文治、吏治倒退，并影响到此后的明朝、清朝。另一方面，从治理一个疆域辽阔、合农牧为一体的大国需要出发，元朝的制度也有创新，如行省制度，以后为明、清、民国所沿用，直到今天。

从中国这一名称出现至今三千一百余年间，它所代表的疆域逐渐扩大和稳定，也有过分裂、缩小和局部的丧失；它所容纳的民族与文化（就总体而言，略同于文明）越来越多样和丰富，总的趋势是共存和融合，也有过冲突和变异；它所形成的制度日渐系统完善，也受到过破坏，出现过倒退；但无论如何，中国是始终延续的，从未中断。从秦朝至清朝，无论是膺天命还是应人心，统一还是分裂，入主中原还是开拓境外，起义还是叛乱，禅让还是篡夺，一部二十四史已经全覆盖。总之，无论匡山前后，都是中国。

忆何炳棣先生

二〇一一年十一月我去南加州大学参加会议，那天外出参观，与加州大学洛杉矶分校一位朋友谈及何炳棣先生，得知他的近况。自师母邵景洛去世后，何先生的日常生活失去了悉心照料。何先生现与已退休的儿子同住，但他个性极强，非但不会开口要人照顾，连学生、晚辈主动送去的食品用品也不一定接受。本想去看看何先生，得知他不希望别人看到他这样的生活状况，就打消了这一念头。

二〇一二年六月传来何先生去世的消息，虽然我还不知道他如何离世的详情，但相信他一定是以自己选择的方式和时刻告别人生的。

我最早知道何炳棣这个名字是在“文化大革命”期间。那时，中学教师作为国家干部是可以看《参考消息》的，其中多数内容是外国媒体歌颂中国、赞扬“文化大革命”的报道。频频出现的名字有女作家韩素音，以后增加了记者赵浩生和教授何炳棣。国内的报纸也报道过他回国受到领导人接见的消息，属于为数不多的“爱国”美籍华人。到了改革开放后的八十年代初，一位多次来复旦的台湾旅外地理学者又声称何炳棣与某某都是右翼，有美国中央情报局的背景，而他才是真正爱国的。这位先生的大话谎话说过不少，所以我只当笑话听，也还不知道何炳棣是何人。

在我写硕士论文期间，从《中国史研究动态》上看到一篇王业键教授讲学的报道，介绍何炳棣所著《1368—1953 中国人口研究》一书的主要观点，感到很有说服力。但遍查上海的图书馆也未找到。先师季龙（谭其骧）先生为我致函中科院图书馆的熟人，请他在北京寻访，也一无所获。一九八五年七月我一到哈佛大学，就迫不及待地去哈佛燕京图书馆读这本书。

尽管当时还来不及领会书中的内容和观点，但对长期封闭造成国内学术界的闭塞却已不胜感慨。二十世纪八十年代初，一些学者重新“发现”了清初户口统计数中用的是“丁”，而不是“口”，因而当时的实际人口应该是“丁”数的好几倍。但不久就有人指出，早在三四十年前萧一山、孙毓棠等就已经有过正确的结论。接着，争论转入“丁”与“口”的比例问题，并且一直没有取得结果。可是几乎没有人意识到自己的研究已步入歧途，因为明代大多数时期以至清初的“丁”与“口”实际上根本不存在比例关系；而何炳棣这本出版于一九五九年的书已经做了很严密的论证。所以这场看似十分热烈的讨论，其实不过是重复二三十年前的认识过程的无效劳动。与此适成对比的是，当我在美国一些大学中问那些中国史研究生时，他们几乎都知道“丁”的真正含义是“fiscal unit”（赋税单位），而不是“population number”（人口数量）。

去美国前，我就打算去芝加哥大学向何先生当面求教，请先师预写了一封介绍信。先师与何先生并不相识，但有一些间接的关系。“文化大革命”期间，有三位著名的美籍华人的子女要求来中国留学，体验轰轰烈烈的“无产阶级文化大革命”，其中一位就是诺贝尔奖得主李政道之子李中清（James Lee）。由于这是直接向周恩来总理提出的，得到他的特别批准，李中清被安排在复旦大学。在此期间，先师奉命单独为李中清讲授中国历史。李中清很重视师生情谊，回美国后与先师仍有书信来往（当时都得交党委审阅），后成为何炳棣先生指导的博士研究生。国内召开纪念何炳松的学术会议时，曾请先师撰文并报告，而何炳松是何炳棣的族兄。

那时我初出国门，不习惯打电话联系，只能先将先师的信寄给何先生，表示拜谒求教的愿望。哈佛燕京的津贴虽还充裕，但对于只借了二百美元出国，又要维持一家三口生活的我来说，要专程从波士顿去芝加哥一次也不能随心所欲。次年春，美国亚洲学会年会在芝加哥举行，我才借此机会在会后去见何先生。得知我有此计划，孔飞力（Philip Kuhn）教授介绍我住在他的学生、同在芝加哥大学任教的艾恺（Guy Alito）家中。不过他警告我：“这老头脾气很大，你得小心被他骂。”

初次见面是在何先生的办公室。按照电话中的预约，我尽早到达，但在走廊里等候许久还不见动静。我试着叩办公室的门，原来何先生早已在内。他说楼前的停车场太大，如果来晚了，车会停得很远，所以他每次都是第一个到办公室。好不容易有了这次当面求教的机会，在何先生了解我的学历后，我就提出了人口史研究中感到困惑的问题。何先生并未直接回答，却着重谈了如何理解制度的实质："其他方面，你仔细看我的书就能明白。""我研究的是明清以降，但制度的原理是相通的，研究方法也是相通的，就是西洋史与中国史也是相通的。"他告诉我，当年来美国留学，学历史的同学几乎都以中国史为博士论文题目，"连我那位百科全书式的学长，写的也是《晋书·食货志》，只有我何某人选了西洋史，而且博士论文是研究英国土地制度史"。他力劝我先学西洋史，在此基础上才能在研究中国史上取得成绩。他表示，如果我有此打算，无论是留在美国或是去欧洲，他都可以提具体建议或给予帮助。虽有些意外，我还是谢绝了何先生的好意，我说已经四十一岁了，历史地理还刚入门，外语基础也不够，"如果我年轻十岁，一定按你的指导先学西洋史"。不过何先生的话给我留下了深刻印象，也产生了持久影响，此后我虽没有专门学西洋史，但在研究每个问题时，都会注意它与国际上的关系。在未了解世界上相关情况前，绝不轻易做国际比较，在谈中国问题时不轻易涉及其世界性。在写《统一与分裂——中国历史的启示》时，我专门查了几种世界古代史，将各国的起源和早期历史与中国做了比较。在研究中国人口史时，也与法国、英国、美国、日本的人口史学家做过交流，查阅了相关论著。

第二天下午，何先生又约我去办公室，对我提出的一些问题做了详细解答，他也问了我先师编绘《中国历史地图集》的情况，以及《中国历史地图集》一些体例。提到秦汉史研究时，我说杨联陞先生曾要我看许倬云的书，何先生说："他的书不值得看，他的学问和眼光都不行。"又说："书不是看得越多越好，原始史料的书一本不能缺，后人写的书要选择。"结束后，何先生留我共进晚餐，由他开车去中国城餐馆。途中我想起包里还有一本带来送给他的书，边说边从包里取书。何先生误以为要送他礼物，立时不悦："国内来的人就是喜欢搞这一套，我最不喜欢人家送礼。"不等我解释，他勃然大怒，将车驶至路边停下，说："既然这样，今天的饭不吃了，带上你的礼物回去吧！"我赶快将书取出，放到何先生面前，他才转怒为喜："很好，这本书我要的。"在他经常光顾的中餐馆，何先生点了一道熘鱼片，劝我多吃："这里的鱼很新鲜，没有刺，但其他餐馆没有这家做得好。"

其间他带我参观芝加哥大学的东亚图书馆，接待的是马泰来。何先生特别让我看了方志部，他说："这些年芝大收的方志很多，虽然有些只能靠复印，但在北美大概是最全的，比国内一般机构都收得多。我写书时，将在北美能找到的方志都翻遍了。"出来时正遇到钱存训先生，马泰来做了引见。但何先生仅打了个招呼，转过身来就对我说："此人就靠资历，却很霸道。”

临行前一天的晚上，他约我到他府上去。知道我住在艾恺家，他一定要开车来接我。他的寓所是一幢两层小楼，地下室很大，是他的书房。大厅里挂着齐白石、黄宾虹等名家的画，我们在画前留影。何师母得知我来自上海，说：“上海好，他一直说想去上海。”我得知何先生当年有访问中国的计划，就建议他将上海包括在内，到时请他到复旦大学做个报告，他欣然同意，并说：“我还一直没有见过你的老师。”我又提出想翻译他的书，在国内出版。他说：“我的书可不好翻，你先试试吧。”我问费正清的序是否照译，还提到春节时在孔飞力家见过费先生。何先生说：“他可是一直对我求全责备的。”“不过他也不得不肯定我的成果，只是在序中写得有点勉强。”他同意我保留这篇序言。我向何先生保证，译稿一定会送他审阅，联系好出版社后一定会征得他同意。何先生从书架上取出他的《黄土与中国农业的起源》和《中国会馆史稿》送给我，他说：“你可以看看我对张光直的批评。外界对张的评价很高，可能只是对他的考古学。涉及环境变迁他的结论是错的，他其他方面的知识有限。而我的论文曾征求过国际顶级生物学家、地理学家的意见，他们都给我很高评价。你比较一下，高下立见。”

告辞时何先生坚持要送我回去，说那一带晚上不安全。我下车后，何先生还停着车，说要看我进门后才放心离开。前几年与艾恺教授在微博上聊天，他提及往事，戏称“何先生从未光临过寒舍，葛教授好大的面子”。

我预计六月回国，在最后几个月中抓紧时间，翻译了前面两章，抄在国内带来的五百格的大稿纸上，寄给何先生请他审阅。他回信说近来很忙，留着慢慢看。

当年八月，我随季龙先师去北京参加《中国历史地图集》工作会议，住在国务院第二招待所。那天下午散会早，我们回房间早，忽然何先生出现在门前。原来他应中国社科院邀请来访正在北京，我们这次会议是由社科院召集的，他得知谭先生在，就找来了。他们一见如故，谈得很投缘。得知他这次来访时间较长，社科院还安排他去昆明和上海，先师再次邀请他访问复旦大学。或许因为是初次见面，或许因为他对先师特别尊重，这次何先生没有月旦人物，也没有骂人。何先生走后，先师说他是南人北相，不仅相貌，各方面都像北方人。

回校后，我们以研究所的名义向学校打了报告，报了接待何先生来访的计划。那时外国学者来访不多，一方面外事纪律严，涉及校外的活动都要预先报市外办批准，如去外地活动还得由市外办通报对方外办；另一方面接待隆重，一般都得由校领导出面宴请，招待参观游览。好在何先生名气大，一向被当作“爱国美籍华人”，所以我们报了请他做学术报告，连具体题目都没有，外办并未像通常要求报学术报告的内容。

十月间，何先生与师母由昆明到上海。次日我陪他们去无锡游览，因持市外办介绍信预购了软席火车票，由无锡市外办派车接待，午间去外办定点的太湖宾馆用餐，全天活动都很顺利。没有想到在无锡火车站虽持市外办介绍信，却没有买到原定车次的软座票，只能推迟一班。在候车室等待时，何先生很不耐烦，我十分惶恐，师母却说："不要睬他，他就是这种脾气。"

那时复旦还没有专门的学术报告厅，一般就安排在几个大一点的教室。考虑到何先生的地位和影响，我们借了一个可容纳二百来人的大教室。知道后何先生很不高兴，说："云南大学是请我在大礼堂做报告的。"我陪何先生进教室时，已经座无虚席，过道与窗边都站着人，历史系、经济系、相关研究所一些知名教授都坐在下面，气氛相当热烈。何先生报告后，多位师生提问，不仅对他的论著熟悉，而且都提出希望他再做阐发的要求。会议结束时，何先生兴致不减，说："毕竟是复旦大学！"

何先生告诉我他不久将从芝加哥大学退休，准备来中国发展，"希望我回天津，但我不喜欢在天津和北京"。当时中国的高校和研究所开放程度有限，我并不理解何先生的"发展"是什么意思，以为只是来访问交流，做个学术报告。事后想来，何先生大概是按港台的模式，希望在他退休后大陆的高校或研究所能聘他任职，以便继续他的研究。或许他此前已经在北京试探过，不得要领后才在上海这样说，以他的身份和脾气自然不会直接提出。但即使他正式提出，当时的中国大陆也还不具备这样的条件，无论北方南方都不会给他满意的答复。他还提到退休后准备迁居加州，芝加哥气候不好，冬天太冷，夏天又热。我知道美国不少华人教授都喜欢在退休后住在加州，一般会拿退休金在那里买一所房子养老。

回美国后何先生来信告诉我，他已退休并迁居加州，信上有他新的地址和电话。但不久他来信说已应加州大学鄂宛(Irvine)分校之聘，地址和电话也变了，他说新居宽敞漂亮，花园很大。事后得知此事是李中清促成，正好鄂宛需要中国史教授。而他的子女嫌他自己买的房子不理想，共同为他买了新居。

在上海期间，我将新译好的几章交给何先生，何先生将原来留在他那里的译稿还给我，没有提出什么问题。我又请教几个翻译中的问题，何先生一一作答。当时遇到最大的麻烦，是如何将书中引用的史料译回中文，何先生要求都要按原文，但那时国内的图书馆开放程度很低，特别是一些善本，往往只能通过熟人才能查到。个别材料由于原书所注卷数或出处有误，或者依据了稀见版本，一直无法查到原文。有些当代著作是在海外出版的，国内未有收藏，对何先生依据的稿本，更只能望洋兴叹。何先生让我将查不到出处的条目寄给他，由他找马泰来帮着查找核对。他还同意实在找不到原版的，可以用其他相近版本代替。以后他寄回了几条在芝大图书馆核对过的材料，但胡适之父胡传《台湾纪录两种》(台北一九五〇年版)直到书将出版时还未找到，何先生只能自己据英文回译，并加了一条注：“作者声明，因迁居，此条原文一时不能查到，只好意译。”到二〇〇〇年此书再版时，何先生还是找到了原文，将自己的译文替换下来。这时我发现，何先生的译文不仅贴切原意，连有些字句都一致，不能不钦佩他的记忆和理解。

胡传原文：“(余)生长草野，身经大难，复睹平世，亲见同治五六年间，自徽州以达宁(国)太(平)数百里之内，孑遗之家，仓有粟，厨有肉，瓮有酒，各醉饱以乐升平，几于道不拾遗，户不夜闭。”

何先生据英译回译：“余于同治五六年间，目睹徽州、宁国、太平数百里间，居民家有余谷，厨有肉，瓮有酒，餐馔丰盛，时或畅饮至醉，无不尽情重享升平之乐。路不拾遗，夜不闭户。”

到一九八七年，书稿已译全，引文原文也已核对完毕，大多已由何先生看过。不过他事先曾告诉我，由于不习惯看用横式稿纸写的简体字，所以不可能看得仔细。当时国内出版此类学术书相当困难，而我还是希望找一家信誉高、质量好的出版社。上海古籍出版社正编辑出版《海外汉学丛书》，魏同贤社长闻讯，力邀此书加入，但表示无法给海外的作者付稿费。我写信征求何先生意见，他回复表示信任这家出版社，不需要给他付稿费。即使有，他也建议都给译者。同时他要我将不久前在国内重新发表的《宋金时中国人口总数的估计》(原载《白乐天教授纪念宋史研究丛书》，一九七〇年巴黎出版)一文作为附录收入。此书于一九八九年问世，书名按英文版直译为《1368—1953 中国人口研究》。

此书只印了一千册，对于这样一本经典著作，如此少的数量自然远远满足不了学术界的需求。书店里很快售完，出版社的少量存书也已告罄，只能将读者求书的来信转到我这里来。这本书成了我最珍贵的赠书，连我的博士研究生也未必能得到。海外曾有出版社表示过出版意向，但为便于国内读者，何先生和我都希望能在国内再版。到二〇〇〇年，三联书店与我接洽，希望出版此书，我自然求之不得，何先生也表示同意。

我请何先生趁再版之机审定译文，他提出了几条修改意见，并要求将书名改为《明初以降人口及其相关问题，1368—1953》，他说："我这本书哪里是只讲人口？涉及面很广，实际上是一部经济史、社会史。"此书的英语原版出版于一九五九年，半个世纪来，何先生对中国人口史与相关问题的探索孜孜不倦，陆续发表了新的成果，如对宋金时期人口的估计，对南宋以来土地数字的考释和评价等。前者已作为附录收入此书，后者已另出专著。何先生治学精益求精，自然希望用最新的成果中的观点或数据取代旧说。但就如何处理译文时，我与何先生产生了分歧。何先生希望我直接更改原文而不加注释，我认为译者只能忠于原文，除非作者自己修改并做说明。对此何先生颇不以为然，并向吴承明先生等表明对我的译文的不满。

例如，对第六章第三节中卜凯对浙江省土地数的估计，何先生曾要我改写，我坚持在三联版中保留原文，另加译注：作者在本书撰写时曾持卜凯对浙江省总数的估计失之过低的看法，但在最近的研究中，已根据浙江传统耕地面积的膨胀因素相当大的特殊情况对此做了修正。作者指出：这并不是说卜凯和《统计月报》对所有省份耕地面积的估计都一律失之过低。例如浙江的传统土地数字已经证明失之过高。卜凯和《统计月报》虽对一些浙江县份的耕地做了修正，但所估全省耕地仍是41 209 000市亩，即使折成38 000 000中华人民共和国成立后的市亩，也还是不合理地高过一九七九年呈报的耕地面积27 433 000市亩。详见《南宋至今土地数字的考释和评价（下）》（《中国社会科学》一九八五年第三期）。

责编杜非要我向何先生要一张他满意的照片，提供一份作者简介。但看了他自撰的简介后，我与杜非都不敢采用，因为他用了很多最高等级的形容词和定语，刊登出来有损他的清誉，删去又怕引起他不悦。最后商定，照片不用，将原定整页的作者简介改为在封面勒口放作者简介与译者简介，这样用不了几句话。新书寄去后，我一直担心何先生会兴师问罪，但他始终未提及简介被大大简化的事。

三联版出版后，未再听到何先生对译文的批评。晚年他授权中华书局出版他的全集时，此书仍用我的译本，并未再坚持改动译文，显然已接受了我的做法。

何先生在二十世纪七十年代初曾全力投入“保钓(鱼岛)”运动。“文化大革命”后期他是最早访华的旅美学者之一。一九六六年他当选为台湾“中研院”院士，后来他主动断绝了联系，二十余年不参加活动。后来他给我的信上说，已决定恢复与“中研院”的关系，听说是李中清调停的结果。之后我去“中研院”访问，台湾的朋友谈及何先生出席院士大会的情况。杜维明落选后，有人问何先生是否投的是反对票，何先生得意地说：“哪还轮得到我出手，前面早有人把他干掉了。”

晚年的何先生性情依旧，谈话中几乎没有不骂人的。对多数人他只是在学术、学问上批评，有几位却涉及人品，他会说“这个人很坏”“某人很阴险”“对某人要小心”。

他在鄂宛二次退休后，全力研究思想史。他认为这是最重要的学问，但没有毕生的积累不行。他发表了一篇从思想史角度研究《红楼梦》的论文，告诉我：“这可是一篇重要论文，其他人是写不出来的。”我不懂《红楼梦》，知道魏同贤先生是红学专家，就问他是否看过何先生的论文。魏先生说：“果然不同凡响，红学界的人很佩服。”

杨振宁先生请他去香港做讲座，他很满意，以后又应邀去清华做讲座。在上海他与我谈及香港之行，他说：“现在我与杨振宁越来越有共同语言。一个人过于谦虚绝对是虚伪，对有些人就是应该瞧不起。”

他最后一次来上海是应华东师大之邀，这也是我最后一次听他的教诲，多数时间是讲思想史的重要性，讲墨子的地位应大大提高。以后在报道中得知他在清华的讲座就是讲墨子，可惜我没有能赴京受教，并且再也没有聆听的机会。

原载《文化学人》，二〇一七年十二月八日。

郑和究竟为何下西洋

郑和为什么要下西洋？按照《明史·郑和传》的说法，“成祖疑惠帝亡海外，且欲耀兵异域，示中国富强”。

第一个目的是为了寻找建文帝朱允炆的下落，实际是毫无根据的。据成书最早的明朝官方史书《成祖实录》记载，朱允炆是在燕王朱棣（成祖）的军队进入京师（今南京）后，在宫中自焚的。但民间一直有他削发为僧、从地道中逃脱的传说，并逐渐演变为完整的故事。清初谷应泰作《明史纪事本末》，有《建文逊国》一卷做详细记述。但建文帝流亡海外的说法，此前并无线索，以情理度之亦不可能。建文帝生于洪武十年（一三七七），一直未离开宫禁，建文四年（一四〇二）被推翻时才二十五岁，毫无社会经验，更无海外联系，在没有可靠的外力支持下怎么可能逃亡海外？如果朱棣真的怀疑他未死，必定会立即大规模搜捕，何至于在官私史料中一无所录，连谷应泰也编不出什么具体情节？在国内也没有留意寻访追捕，怎么会查到海外去呢？退一步说，即使有建文帝逃亡海外的传闻，却没有任何对国内造成威胁的迹象，对朱棣而言，让建文帝终老海外不是更好的解决办法吗？再说，如果建文帝真流落海外，秘密寻访或许会有所得，如此兴师动众，岂不是通知他继续远遁吗？

至于第二个目的“耀兵异域，示中国富强”，这是历来帝王用事海外的普遍心态，只是从来没有哪位皇帝会花费如此大的人力物力财力，接连六次（第七次是其孙宣德帝所为）下西洋，并且越驶越远，到了此前从未到过的东非。首次下西洋距永乐帝篡位成功不过三年，而且在此前二年的永乐二年（一四〇四）已经派宦官马彬使爪哇、苏门答腊，李兴使暹罗，尹庆使满剌加、柯枝等国，如此急迫，显示还有其特殊目的。

要说“耀兵”，总得与军事形势有点关系，而当时在军事上与明朝稍有关系的（实际还谈不上威胁）无非是蒙古、安南（越南）、日本，永乐帝都已分别处置，但于永乐三年（一四〇五）至五年（一四〇七）郑和、王景弘的首次下西洋经过的却是占城、爪哇、旧港、苏门答腊、南巫里、古里，经今越南南部至印度尼西亚群岛，或许还到了斯里兰卡。而永乐五年至七年（一四〇九）的第二次下西洋到了锡兰（今斯里兰卡），航线与第一次大致相同，显然也与军事无关。

那么郑和究竟为什么下西洋呢？这要从永乐帝朱棣夺取政权后的形势分析。

洪武三十一年（一三九八）闰五月明太祖朱元璋去世，将帝位传给了皇太孙朱允炆（建文帝）。建文元年（一三九九）七月，朱元璋第四子燕王朱棣在北平（今北京）举兵“靖难”，至四年六月兵临京师（今南京），建文帝于宫中自焚，朱棣入城即位。尽管朱棣顺利夺取政权，但如何取得合法性成了最大的难题。因此，他立即以利诱和威逼手段争取建文帝的重臣、文学博士方孝孺的合作，条件就是为他起草登极诏书，企图将自己的篡夺行为解释为周公在兄长周武王死后辅佐侄儿成王。方孝孺严词拒绝，被灭十族（九族加朋友弟子）。接着朱棣宣布革除建文年号，称洪武三十五年，取消了建文帝的合法性。以明年为永乐元年，表明自己直接继承太祖皇帝。永乐九年下诏重修《太祖实录》，据吴晗考证，这次和以后的重修，目的都是为了篡改有关史料，证明太祖皇帝生前早已属意于这位四皇子，因而取代建文帝完全合法。

尽管朱棣在这方面不遗余力，可是显然收效有限。如永乐元年曾下令“禁亵渎帝王之词曲”，限五日送官烧毁，“敢有收藏者，全家杀了”。这些词曲亵渎的对象如系历代帝王，大可不必在即位伊始就如此厉禁。朱元璋时实行严刑峻法，不大可能再有亵渎他的词曲流传，最大的可能就是民间因同情建文帝而流传的亵渎朱棣的词曲。朱棣的内心始终是空虚的、恐惧的，因为天下人都知道建文帝合法继承皇位又被他以武力推翻的过程。尽管他可以销毁证据，篡改史实，但这三年多的历史空白是无法填补的。

历代帝王往往通过发现“祥瑞”，编造图谶，证明自己“天命所归”。但这主要用以起事开国，或篡夺之前，而朱棣是事后弥补，即使能骗后人，却骗不了当世人。所以他不得不乞灵于另一途径，制造梯航毕集、重译贡献、万国来朝的盛况，向天下臣民证明自己才是膺天运、继大统的真命天子。这才是朱棣派郑和率领史无前例的庞大船队、二万多士兵，“多赍金币”、“以次遍历诸番国”的目的。

果然，郑和的船队返回时，“诸国使者随（郑）和朝见”，还带回大批各国的贡品，尽管提供的“回赐”远高于这些物品的市价。有的国家还专门派遣使者，如永乐五年，满剌加使者来朝。六年，浡泥（今文莱）国王麻那惹加那携家属、陪臣一百五十多人来朝，两个月后病逝于南京。但这丝毫不减弱扩大“万国来朝”影响的效果。国王一行在福建登陆后，一路受到沿途州县隆重接待，到南京后皇帝多次赐宴，死后以王礼葬于安德门石子岗，并寻找入中国籍的西南夷人为国王守墓，每年春秋两季由专人祭扫。永乐九年，满剌加国王拜里米苏剌率妻子、陪臣等五百四十多人来朝。永乐十五年苏禄国（今菲律宾西南）东王、西王、峒王携家眷、官员共三百四十多人来朝，从福建泉州登岸后，沿途受到隆重接待。明朝廷又派专使在应天府（南京）宴请接风，又陪同北上，到北京后朱棣亲自款待。使团留京近一月，三王辞归，又派专人护送。至德州时东王病殁，建陵隆重安葬。

郑和带回来的贡品中如果有见于古籍记载的瑞兽，或者中国从未见过的珍禽异兽，其作用更非同寻常。如永乐十七年郑和第五次远航返回，带回的贡品中就有阿丹国所贡麒麟、木骨都束(今摩加迪沙)所贡花福鹿(长颈鹿)，足证圣天子的声威无远弗届，也证明大明已是千古未有的太平盛世，一向声教不及的远人才会贡献如此珍贵的瑞兽。皇家画师奉命绘图记载，文武百官观赏后恭呈颂扬诗文。

这些活动直接和间接的影响遍及明朝各地，一定程度上削减了民间对朱棣的负面舆论，增强了政权的合法性，也使朱棣得到自我陶醉。正因为如此，郑和的船队才会一次又一次出发，并且越驶越远，直到东非。

这也证明了郑和的船队曾经到达南极洲、美洲的所谓新发现纯属无稽之谈。既然郑和远航的目的是号召和组织“万国来朝”，是为了扩展大明的声威，他的目的地自然是有人有国的地方，实际上他正是循着阿拉伯人已经开辟的航路和积累的知识，由近及远，一个国一个国地拓展的。他不需要也不可能去一个事先一无所知或已经知道没有人的地方，或者远涉重洋去发现新大陆。这与以探寻新航路、殖民地、土地、资源、人口为目的的西方殖民者、探险家、航海家是完全不同的。

图书在版编目（CIP）数据

唯有人文足千秋 / 葛剑雄著. —西安：陕西人民出版社，2021.8

ISBN 978-7-224-14024-8

Ⅰ.①唯… Ⅱ.①葛… Ⅲ.①社会科学—文集 Ⅳ.①C53

中国版本图书馆 CIP 数据核字(2021)第 037123 号

出 品 人：宋亚萍
总 策 划：刘景巍
策划编辑：王颖华
责任编辑：王颖华
封面设计：姚肖朋
版式设计：白明娟

唯有人文足千秋

作　　者 葛剑雄
出版发行 陕西新华出版传媒集团　陕西人民出版社
（西安市北大街 147 号　邮编：710003）
印　　刷 陕西龙山海天艺术印务有限公司
开　　本 787 毫米×1092 毫米　1/32
印　　张 8.125
字　　数 155 千字
版　　次 2021 年 8 月第 1 版
印　　次 2021 年 8 月第 1 次印刷
书　　号 ISBN 978-7-224-14024-8
定　　价 59.00 元

当我们在荷枪实弹的士兵保护下来到阿富汗北部马扎里沙里夫市的会议室里，我们看到了被称为民族英雄的马苏德的画像，但挂在一起的三幅画像，却分别属于心理医生、哲学家和诗人。这更使我相信，唯有人文足千秋。